HUSSERLS INTUITION
UND LEVINAS' BEITRAG

Besuchen Sie uns im Internet, wo wir Ihnen das gesamte Spektrum unserer *edition g.* vorstellen: editiongpunkt.de

edition g.
1xx Theorie
2xx Poesie
3xx Historie
4xx Therapie

Stefan Blankertz | 1956 | »Wortmetz« | Lyrik und Politik für Toleranz und gegen Gewalt.
Cornelia Muth | Professorin für Pädagogische Anthropologie an der Fachhochschule Bielefeld. Gestaltpädagogin.

S T E F A N   B L A N K E R T Z
C O R N E L I A   M U T H

Husserls Intuition
und Levinas' Beitrag

edition g.
404

ORIGINALAUSGABE
404 edition g.
Herstellung und Verlag:
BoD – Books on Demand, Norderstedt
© 2018 by Cornelia Muth und Stefan Blankertz
Umschlag unter Verwendung des Bildes
»Selbstportrait«
von Paula Modersohn-Becker,
Öltempera auf Pappe und Papier, ca. 1906-07
(The Yorck Project, gemeinfrei *via* Wikipedia)
Herausgeber der edition g. Stefan Blankertz
editiongpunkt.de
Alle Rechte vorbehalten
ISBN 978-3-7528-6992-7

INHALT

Das »Bewusstsein begleitet immer unsere gegenwärtigen Empfindungen und Vorstellungen, wenn sie deutlich genug sind, und eben dadurch ist jeder für sich, was man im reflexiven Sinn ein Selbst nennt *(soi-même)*. So weit sich das Bewusstsein über die Handlungen und Gedanken der Vergangenheit erstreckt, ebenso weit reicht auch die Identität der Person, und das Selbst ist in diesem Augenblick dasselbe als damals.«
Gottfried Wilhelm Leibnitz, 1704.[1]

»Statt ›Ich‹ müsste ich vielleicht besser immer sagen ›Selbst‹. [...] Das Ich ist wesensmässig auf jedes abgegrenzte Erlebnis [...] bezogen. [...] Das Selbst aber [... ist ...] das ›durchgehend‹ Identische.«
Edmund Husserl, 1921.[2]

1 Zitiert bei Husserl in einer Notiz vom Juni 1921 (*Husserliana*, Band 14, 1973, S. 48).
2 Das Zitat von Leibnitz nutzt Husserls als Begründung für diese Aussage.

Prolegomena

1

Intuition: *Die lexikalischen Definitionen.* — »Eingebung«,
Ahnung; (plötzliches) ahnendes Erfassen; Erkenntnis (eines
Sachverhalts oder komplexen Vorgangs) ohne wissenschaftliche Methodik. Gedanken- oder Geistesblitz. Bauchgefühl.
Unmittelbares, nicht auf reflektierendes Denken basiertes
Erkennen. Die »Fähigkeit«, impulsiv und »unterbewusst«
zu entscheiden und zu handeln. (»Fähigkeit« legt eine rein
positive Bedeutung zugrunde. Jedoch können intuitive Entscheidungen auch falsch sein. Wenn solche Entscheidungen
dann als »Fehler« charakterisiert werden, stellt dies jedoch
den Intuitions-Begriff in Frage. Denn ein Fehler setzt eine
bewusste Handlung und ein überlegtes Entscheiden voraus.)

2

Intuition: *Verschiedene philosophische Verwendungen.* — In
der scholastischen Philosophie bedeutet das lateinische *intuitio* »durch Schauen (d.h. nicht durch Denken) erworbene
Kenntnis«. Immanuel Kant verwendet das Eigenschafts-
wort »intuitiv« als »gefühlsmäßig, instinktiv erfassend, auf
Eingebung zurückgehend«. »Intuitionismus« ist allerdings
meist eher eine Zuschreibung als eine Selbstbezeichnung für
eine Reihe von erkenntnistheoretischen Ansätzen, die auf
Evidenz (Augenscheinlichkeit), *Introspektion* (Innenschau)
oder *apriorischem Wissen* (Wissen, das von Erfahrung und
Wahrnehmung nicht abhängig ist) basieren wie etwa: René
Descartes (1596-1650), Thomas Reid (1710-1796), gar Immanuel Kant (1724-1804), Edmund Husserl (1859-1938),

Henri Bergson (1859-1941) und Martin Heidegger (1889-1976), gar Theodor W. Adorno (1903-1969). Auch in der Mathematik gibt es eine Richtung des Intuitionismus. Als Gegenansätze werden z. B. *Empirismus* (John Locke, 1632-1704), *Skeptizismus* (David Hume, 1711-1776), *Sensualismus* (Étienne Bonnot de Condillac, 1740-1780) angesehen. Es besteht also kein prinzipieller Gegensatz des Intuitionismus zum *Rationalismus*, eher noch zählen die Rationalisten philosophiegeschichtlich zur intuitiven Schule.

3

Intuition: *Etymologie.* — Im 18. Jahrhundert entlehnt aus dem lateinischen *intuitio* (Genitiv *intuitionis*) für »das Erscheinen des Bildes im Spiegel«; spätlateinisch »geistiges Schauen«, *intuitus* »Ansehen, Blick, Hinsicht, Rücksicht«; lateinisch *intueri* »etwas genau ansehen, etwas geistig betrachten«.

4

Das Buch. — Emmanuel Levinas, *Théorie de l'intuition dans la phénoménologie de Husserl* (1930), Paris 2010: Vrin. Levinas war zur Zeit der Abfassung des Buches über Husserl also gerade 24 Jahre alt. Von dem Buch gibt es derzeit noch keine deutsche Übersetzung. Alle deutschen Zitate sind unsere eigenen Paraphrasen = Interpretation. Es liegt aber eine englische Übersetzung vor, die wir auch zu Rate gezogen haben: *The Theory of Intuition in Husserl's Phenomenology*, übersetzt von André Orianne, Einleitung von Richard A. Cohen, Evaston 1995: Northwestern University Press.

5

Warum dieses Buch? Warum nicht Husserl Original? — Das Buch von Levinas spielt eine Rolle in der Vermittlung der Phänomenologie Husserls. Der mit Levinas gleich alte

Jean-Paul Sartre (1905-1980) soll nach Lektüre des Buches gesagt haben, alles das, was er vorhatte auszudrücken, hätte offensichtlich Husserls schon gesagt. Drei Jahrzehnte später, als Levinas Sartre zum Nobelpreis für Literatur 1964 brieflich gratulierte, soll Sartre aber angeblich sich nicht an einen Levinas erinnert haben. Wie wir sehen werden, findet sich die Sartre zugeschriebene existenzialistische Grundformel »Existenz vor Essenz« (das Dasein sei wesentlicher als das Wesen) aus den frühen 1940er Jahren schon in dem Buch des 24-Jährigen von 1930. Wichtiger aber noch ist uns, dass Levinas die Phänomenologie Husserls zur äußersten Konsequenz geführt hat in seiner Philosophie, welche die Suche Husserls nach den Kontaktmöglichkeiten zur realen Welt zu einer Spurensuche nach dem »Andren« ausbaut.

Auch Jacques Derrida (1930-2004), der gerade erst geboren wurde, als das Buch erschien, weist darauf hin, wie wichtig es für ihn war.[01]

6

Vorgehen. — Wir haben aus dem zentralen fünften Kapitel des Buches zur *Intuition* die Stellen herausgesucht und übersetzt, die uns besonders wichtig sind für unsere eigenen theoretischen Auseinandersetzungen zu den Fragen der Erkenntnis, der Phänomenologie, des Umgangs mit dem Andren und Fremden, des Kontakts mit der Welt und der Gestalttherapie, die unser gemeinsamer Hintergrund ist. Bei jeder Passage haben wir uns gefragt: Was macht die darin enthaltene Aussage mit uns? Was sagt, was lehrt sie uns? Wie berührt sie uns? Nicht gleichlautende Interpretationen bereits bei der Lesart des Textes und abweichende Interessen bei dessen Interpretation haben wir weder im Prozess der gemeinsamen Arbeit überdeckt noch dann im Endprodukt ausgemerzt. Die Andersheit des jeweils Andren sei zu re-

01 Jacques Derrida, *Adieu* (1995), München 1999, S. 19.

spektieren. Aus unserem Diskussionsprozess sind eine Prä-
sentation im »Berliner Gestaltsalon«, Herbst 2018, sowie
die beiden vorliegenden Essays hervorgegangen.

7

Edmund Husserl. — Geboren 1859 in Proßnitz (Mähren,
»Kaiserthum Oesterreich«). Stammt aus einer jüdischen
Tuchhändlerfamilie. Studierte Mathematik bei Karl Weier-
straß[02] (1815-1897) und Leo Koenigsberger (1837-1921),
Philosophie bei Franz Brentano[03] (1838-1917) und Carl
Stumpf[04] (1848-1936). Promotion 1883. 1897 ließ er sich
evangelisch-lutherisch taufen. Um 1907 stellte Husserl die
von ihm entwickelte Methode der »phänomenologischen
Reduktion« vor.[05] ἐποχή (Epoché) = »eine gewisse Urteils-
enthaltung« als Regel für die Phänomenologie. 1933 wurde
ihm – obwohl bereits emeritiert – jegliche Lehrtätigkeit
untersagt.[06] Martin Heidegger übernahm den Posten des
Rektors an der Universität Freiburg und wurde Mitglied der
NSDAP. Husserl dagegen trat aus der Deutschen Akademie
aus. 1936 entzog ihm der nationalsozialistische Staat end-
gültig die Lehrbefugnis. 1938 gestorben in Freiburg i. Br.,
Deutsches Reich. Der belgische Franziskanerpater Herman
Leo Van Breda (= Leo Marie Karel, 1911-1974) rettete 1938
die umfangreiche, von Husserl noch selbst für die Nachwelt
aufbereitete und geordnete Hinterlassenschaft, indem er sie
via »Diplomatic Bag« über Berlin nach Belgien schaffte
und dort das Husserl-Archiv begründete.

02 Satz von Bolzano-Weierstraß.
03 Katholischer Philosoph (und Psychologe), trat aus Protest gegen das Un-
fehlbarkeitsdogma des Papstes (1870) aus der Kirche aus. Von ihm stammt
der Begriff »Intentionalität«: Bewusstsein *von* etwas, bezogen *auf* etwas.
04 1894 gründete er das Psychologische Institut Berlin.
05 Die Geltung der Urteile, die die Existenz der Welt betreffen, wird aufgehoben. Man sieht es nicht als selbstverständlich an, dass die Welt existiere,
sondern fragt sich, worauf ihre Existenz sich gründe.
06 Gesetz zur Wiederherstellung des Berufsbeamtentums.

8

Emmanuel Levinas. — 1905 in Kaunas, Litauen, geboren, studierte Levinas während der 1920er Jahre in Straßburg und Freiburg bei Edmund Husserl (1859-1938) und Martin Heidegger (1889-1976).

Levinas erhielt 1930 die französische Staatsbürgerschaft und promovierte mit der Schrift über Husserls Begriff der Intuition an der Sorbonne, die für das vorliegende Buch grundlegend ist; als deutscher Titel wird verschiedentlich »Theorie der Anschauung in der Husserlschen Phänomenologie« vorgeschlagen. Intuition = Anschauung? Wäre das eine aufklärerisch entmystifizierende oder bloß eine rein simplifizierende Gleichung? (Zwar wird bisweilen *intuition* aus dem Französischen und Englischen mit »Anschauung« übersetzt, aber nur selten *Anschauung* ins Französische oder Englische mit »intuition«. Hauptsächlich findet sich jene Gleichsetzung in der Kant- und Husserl-Literatur.)

1940 geriet er in deutsche Kriegsgefangenschaft. Seine Frau und seine Tochter überlebten den Holocaust aufgrund eines mutigen Einsatzes eines Freundes, der sie in einem Kloster versteckte. Die Eltern und die Brüder wurden in Litauen vom nationalsozialistischen Staat ermordet.

Nach dem zweiten Weltkrieg lehrte Levinas Philosophie an mehreren französischen Hochschulen. Ebenfalls betätigte er sich als Talmudlehrer. 1995 starb er in Paris.

Das Werk von Levinas ist die Suche nach der, wie der Titel eins seiner Essays heißt, »*Spur des Anderen*«.[07]

07 Emmanuel Levinas, *La trace de l'autre* (1963). Im Deutschen zum Titel einer Textsammlung geworden: Emmanuel Levinas, *Die Spur des Anderen: Untersuchungen zur Phänomenologie und Sozialphilosophie*, Freiburg 1983. »Die abendländische Philosophie fällt mit der Enthüllung des Anderen zusammen; dabei verliert das Andere, das sich als Sein manifestiert, seine Andersheit. Von ihrem Beginn an ist die Philosophie vom Entsetzen vor dem Anderen, das Anders bleibt, ergriffen. [...] Die Philosophie [...] reduziert nicht nur das theoretische Denken, sondern jede spontane Bewegung des Bewusstseins auf diese Rückkehr zu sich« (S. 211f).

9

Wörtliche Grippe. — Husserl führt eine besondere (Un-) Art in die Philosophie ein, seine komplexe Gedankenwelt zu beschreiben; eine Art, die er nahen und fernen Adepten wie etwa Heidegger, Levinas und Derrida vererbt und die der Phänomenologie bis heute ihren Charme verleiht, aber auch ihre Anfälligkeit dafür, in Schwulst oder in die Aneinanderreihung nahezu sinnloser Worthülsen zu geraten.

1. *Alltagsworte.* Er verwendet geläufige Worte, schränkt sie im Sinn jedoch nach Art einer (pseudo-) exakten Definition so stark ein, dass sie nicht mehr ohne Weiteres intuitiv verständlich bleiben.

2. *Fremdworte.* Er greift auf Fremdworte zurück, die in der Philosophiegeschichte mehr oder weniger gebräuchlich geworden sind, füllt sie dabei allerdings mit eigenen, oft von der Tradition stark abweichenden Inhalten. Das ist für das Verständnis mitunter irritierend.

3. *Neologismen.* Wort-Neuschöpfungen von Husserl klingen nach Alltagsworten oder nach Fremdworten und stellen sich erst bei genauem Hinschauen als *seine* Neologismen heraus.

4. *Synonyme.* Eine weitere Irritation tritt dadurch auf, wenn Husserl seine Gedanken in immer wieder anderen Wortkombinationen darstellt. Ob die Synonyme Identisches aussagen oder es doch Bedeutungsnuancen gibt, bleibt dabei oft in der Schwebe.

Verständnis und Übersetzung phänomenologischer Texte sind hiermit mitunter herausfordernd.

Im Anfang seines einflussreichen Essays »*La voix et le phénomène: Introduction au problème du signe de la phénoménologie de Husserl*« – »*Die Stimme und das Phänomen: Einführung in das Problem des Zeichens in der Phänomenologie Husserls*« – schreibt **Derrida** 1967, Husserl meine, Anzeichen würden »nichts ausdrücken, weil sie nichts befördern«. Er fügt es auf deutsch hinzu: sie seien »bedeutungslos« und »sinnlos«, sie seien »einer *Bedeutung* oder eines *Sinns* beraubt«.[08] Somit macht Derrida das Wort »Anzeichen« zu einer Vokabel, die Husserl mit Bedeutung versehen durfte, ganz abseits davon, dass es allgemeinsprachliche Bedeutung bereits hat. Derrida meint, man könne »auf deutsch ohne Widersinn sagen, dass ein *Zeichen* einer *Bedeutung* beraubt (*bedeutungslos*, nicht *bedeutsam*) sei«. Darüber darf man als ein Deutscher sehr wohl lachen.

In der Tat hat Husserl es so auch nicht gesagt in dem Text, auf den Derrida hier sich beruft. Wenn ich etwa Anzeichen einer Grippe bei mir verspüre, ist es möglich, dass ich glücklicherweise doch keine Grippe kriege. Bei der Verknüpfung von Anzeichen und dem, was das Anzeichen vermeintlich be-deutet, habe ich mich eben geirrt. Der Logiker Husserl schließt nun, dass das, was das Anzeichen be-deutet, nicht zur notwendigen Definition des Wortes gehöre. Zur notwendigen Definition des Wortes gehört allerdings, dass ich der (wie sich herausstellt: fälschlichen) Meinung bin, es gebe eine Bedeutung, eine Verknüpfung. Andererseits könnte ich die Anzeichen auch richtig ge-deutet haben. Das Anzeichen schließt die faktische Bedeutung keineswegs aus.

Etwas anders verhält es sich bei dem Wort »Ausdruck«, den Husserl unter dem Oberbegriff »Zeichen« dem nur mittelbar über die subjektive Vermutung mit einer Bedeutung verknüpften »Anzeichen« zur Seite stellt als mit (objektiver) Bedeutung notwendig verbunden. Wenn ich also sage, dies Symptom sei *Ausdruck* meiner Krankheit, so gehe ich von einer objektiven Gegebenheit der Krankheit aus. Allerdings kann ich »auf Deutsch ohne Widersinn sagen«, dass das Symptom ein »Anzeichen« der Krankheit sei. Die Worte

08 Wenn hier kein Nachweis von Buch und Seite steht, so darum, weil auch Derrida sich weigert, uns zu sagen, wo genau er das bei Husserl liest. Die *kursiven* Worte in den Zitaten stehen bei Derrida auf deutsch. Etwas googln hat es an den Tag gebracht. Doch 1967 war es bedeutend schwieriger, die freie Assoziation von Derrida zu ergründen.

»Anzeichen« und »Ausdruck« haben alltagssprachlich zwar einen Bedeutungsunterschied, jedoch auch eine große Fläche der Überschneidung, die für viele Fälle eine Austauschbarkeit ermöglicht. Ganz zu schweigen davon, dass ich auch sagen kann, »Anzeichen« sei ein »Ausdruck« – anstatt ein »Wort« – für die vermutete Verknüpfung eines »Zeichens« mit einer Tatsache oder einem kommenden Ereignis.

10

»Vermöge der Intentionalität[09] bezeichnet das Wort etwas,[10] ist der Ausdruck mehr als ein bloßer Wortlaut.[11] Er *meint*[12] etwas,[13] und indem er *es*[14] meint, bezieht er sich auf Gegenständliches.«[15]
Edmund **Husserl**, *Logische Untersuchungen*, II 1, S. 37.

Zitiert bei **Levinas**, S. 102: »Grâce à cette intentionalité,[16] le mot signifie quelque chose, l'expression est plus qu'un simple son verbal. Elle est pensée de quelque chose (er meint etwas), et, comme telle, se rapporte à l'objet (auf Gegenständliches).«

09 Bei Husserl steht: »... dieser letzteren Akte ...«. Intentionalität ist eine erläuternde Einfügung von Levinas.
10 »le mot signifie quelque chose« stellt eine erläuternde Einfügung von Levinas in den Satz dar.
11 Levinas: »son verbal«.
12 Die Hervorhebung (Sperrung, *hier* kursiv) übernimmt Levinas nicht aus dem Original.
13 Die Formulierung »er [der Ausdruck] meint etwas« fügt Levinas in Deutsch hinzu.
14 Die Hervorhebung (Sperrung, *hier* kursiv) übernimmt Levinas nicht aus dem Original.
15 Die Formulierung »auf Gegenständliches« fügt Levinas in Deutsch hinzu.
16 Üblich ist die Schreibweise »intentionnalité«. Levinas schreibt den Begriff durchgängig mit nur einem *n*.

Husserl im Kontext (die von Levinas zitierte Stelle ist **fett** markiert):

»Sehen wir nun von den Erlebnissen, die speziell zur Kundgebung gehören, ab und betrachten den Ausdruck in Hinsicht auf Unterscheidungen, die ihm in gleicher Weise zukommen, ob er in der einsamen oder Wechselrede fungiert, so scheint zweierlei übrig zu bleiben: der Ausdruck selbst und das, was er als seine Bedeutung (als seinen Sinn) ausdrückt. Indessen hier sind mehrfähige Relationen miteinander verflochten, und die Rede von dem, *was ausgedrückt ist* und von *Bedeutung*, ist dementsprechend eine vieldeutige. Stellen wir uns auf den Boden der reinen Deskription, so gliedert sich das konkrete Phänomen des sinnbelebten Ausdrucks einerseits in das physische Phänomen, in welchem sich der Ausdruck nach seiner physischen Seite konstituiert, und andererseits in die Akte, welche, ihm die Bedeutung und eventuell die anschauliche Fülle geben, und in welchen sich die Beziehung auf eine ausgedrückte Gegenständlichkeit konstituiert. **Vermöge dieser letzteren Akte ist der Ausdruck mehr als ein bloßer Wortlaut. Er meint etwas und indem er es meint, bezieht er sich auf Gegenständliches.** Dieses Gegenständliche kann entweder vermöge begleitender Anschauungen aktuell gegenwärtig oder mindestens vergegenwärtigt erscheinen (z. B. im Phantasiebilde). Wo dies statthat, ist die Beziehung auf die Gegenständlichkeit realisiert. Oder dies ist nicht der Fall; der Ausdruck fungiert sinnvoll, er ist noch immer mehr als ein leerer Wortlaut, obschon er der fundierenden, ihm den Gegenstand gebenden Anschauung entbehrt. Die Beziehung des Ausdrucks auf den Gegenstand ist jetzt insofern unrealisiert, als sie in der bloßen Bedeutungsintention beschlossen ist. Der Name beispielsweise nennt unter allen Umständen seinen Gegenstand, nämlich sofern er ihn meint. Es hat aber bei der bloßen Meinung sein Bewenden, wenn der Gegenstand nicht anschaulich dasteht und somit auch nicht als genannter (d. i. als gemeinter) dasteht. Indem sich die zunächst l e e r e Bedeutungsintention erfüllt, realisiert sich die gegenständliche Beziehung, die Nennung wird eine aktuell bewußte Beziehung zwischen Namen und Genanntem.«

11

»Kontakt *ist* Unterscheidung.« Peter Philippson, 2001.[17] In diesem Sinne ist das vorliegende Buch das Ergebnis eines Kontaktes zwischen zwei sehr unterschiedlichen Personen.

Stefan Blankertz

---

17 Peter Philippson, *Self in Relation*, Gouldsboro 2001, S. 148: »The contact *is* the differentiation.« Deutsch: *Selbstwerdung*, Vorwort von Gabriele Blankertz, übersetzt von Stefan Blankertz, Berlin 2018: Schriftenreihe des Berliner Gestaltsalons, edition g. 406, S. 182.

Cornelia Muth
MEIN WEG ZUR INTUITION

Husserl schrieb am Ende seines Lebens: »*Gerade jetzt, wo ich fertig bin, weiß ich, dass ich von vorne anfange, denn fertig sein heißt, von vorne anfangen.*«[01]

Im Wintersemester 2017/18 habe ich als professorale Gestalt-Pädagogin ein thematisch neues Seminar zur Intuition angeboten: Studierende und ich setzten sich über Referate mit dem Buch von Gigerenzer (2008) zur Intuition auseinander und gleichzeitig überprüften wir dieses Wissen anhand eigener Erfahrungen. So stimme ich mit dem oberen Zitats Husserls überein, denn an die thematischen Grenzen meiner Lehre zu gelangen bzw. ein neues Thema auszuprobieren, entpuppte sich als Neubeginn, alte Wissensvorräte zu aktivieren. Der Seminartitel ›Zur Intuitionalisierung sozialwissenschaftlichen Wissens‹ bezog sich auf ein Forschungskonzept meines Lieblingsprofessors Enno Schmitz, phänomenologischer Soziologe, das ich während meines Pädagogik-Studiums an der Freien Universität Berlin kennenlernte.

Schmitz' Intuitionsbegriff lehnt sich an die von Charles Parsons, Mathematik-Philosoph, an: Intuition ist eine intellektuelle Wahrnehmungsfähigkeit, die sich als Wahrnehmungserfahrung in individuellen Ereignissen zeigt. Mit

01 Aus: Adelgundis Jägerschmid: *Die letzten Jahre Edmund Husserls (1936-1938),* in: Wolfgang Seibl (Hg.): *Stimmen zur Zeit,* Bd. 199, Freiburg 1981, (S. 129-138), S. 134, nach Jaques Derrida: *Das Problem der Genese in Husserls Philosophie* (1990/1954), Zürich-Berlin 2013, S. 337.

Intuition finden wir, nach Parsons, Zugang zur Mathematik und zu abstrakten Objektivationen, allerdings nicht zur mathematischen Wahrheit (vgl. Symons 2008, S. 85). Schmitz selbst hatte damit jedoch als Vertreter des Interpretativen Paradigmas, das alles Soziale als Interpretation erklärt, kein Problem, Intuition als Lern- und Ausführungsweg zu begreifen. Letztendlich bin ich diesem Lehrer meinen deduktiven Weg zum Gestalt-Ansatz schuldig. Kontakt ist für mich praktische Phänomenologie.

Zudem erinnerte ich eine Notiz aus meiner Promotionszeit, dass Emmanuel Levinas eine Arbeit über Intuition geschrieben hat, allerdings in Französisch. Dazu gibt es auch eine englische Übersetzung, aber keine deutsche. Als ich die englischen und französischen Fassungen las, dachte ich nur, dass ist doch eine Beschreibung von Kontaktprozessen und so entstand die Idee, ein Kapitel dieses Buches mit Gestaltkolleg*innen zu übersetzen.

In den letzten Monaten haben Stefan und ich ausgewählte Passagen übersetzt und gestern (im Februar 2018) haben wir abgemacht, dass unser jeweiliges Ich beschreibt, was die Originalquelle, hier Levinas Darstellung der Intuition in Anlehnung an Husserl mit uns macht bzw. zu was sie uns inspiriert. Mit Original meinen wir unsere persönlichen Übersetzungen aus den französischen und englischen Ausgaben. Die Auswahl von zehn Textstellen, die ich als relevant betrachtete, sind unsere gemeinsame Grundlage (gewesen).

Beim ersten Austausch unserer jeweiligen Übersetzungen zeigten sich zwei phänomenologisch differente Strukturen, die von Stefan und die von mir, was das »Problem der Relevanz« betrifft. Der Husserl-Schüler Alfred Schütz schreibt in seinem gleichnamigen Buch (1982) in Anlehnung an Kurt Goldstein, dass es entscheidend ist, wie der Organismus mit der Umwelt, die wir nicht geschöpft haben, zurecht kommt: »Die Umwelt hat gleichfalls ihren subjektiven Sinn für den

Organismus. Sie ist das Ergebnis und das Produkt der Wahl des Weltausschnittes, den wir für unser ganzes organisches und geistiges Tätigsein als relevant betrachten und anerkennen« (Schütz ebd., S. 130).

Unsere jeweiligen Biografien spiegeln das wider, und mit Schütz gesprochen, heißt das auch, wie unsere Wissensvorräte entstanden, entscheidet, was wir wahrnehmen und was wir für relevant halten. So löst bei mir die Auseinandersetzung mit Levinas und Husserl Erinnerungen aus, wie ich überhaupt zur Phänomenologie gekommen bin und welche zentralen Fragen mich beschäftigt haben und beschäftigen. Eine der Fragen in meinem Studium und später während der Promotion lautete, wie ich als Pädagogin lebensweltbezogen und dialogisch bilden und beraten kann (vgl. Schmitz 1986 und Muth 1998/2011).

In der Auseinandersetzung mit dem französischen Text von Levinas zur Intuition wurde mir erneut der Bruch zwischen Theorie und Praxis deutlich, der darin besteht, dass das, was ich denke, nicht das ist, was geschieht, und dass das, was ich wahrnehme, nie von mir losgelöst ist, obwohl es unabhängig von mir existiert. Ähnlich argumentiert Stefan auch. Damit grenzen wir uns klar vom radikalen Konstruktivismus ab, der behauptet, dass wir allein die Wirklichkeit konstruieren, in der wir leben. Ich behaupte diesbezüglich mit Schütz und Husserl, dass vielmehr unser Zurechtkommen und dessen Interpretation entscheiden, wie wir die Umwelt wahrnehmen. Unsere Deutungen sind demnach ein Produkt der Strukturierung unserer Wissens- und Erfahrungsvorräte, die wiederum unsere Wahrnehmungen bilden. Mit anderen Worten: Wie ich meine Erfahrungen sortiere, spiegelt meine Entscheidungen, was ich relevant finde, wider. Was ich relevant finde, ist aber kein autonomes Produkt meiner Entscheidung, sondern abhängig von der Auswahl, dessen was ich gelernt habe, von der Welt als relevant wahrzunehmen.

Der Umwelt selbst entkomme ich nicht, jedoch muss ich mich ihr nicht ausschließlich anpassen und unterwerfen. Dieses meinige Ich ist dabei Teil meiner Welt und kann mir ebenso fremdsein, wie das, was außerhalb meines Leibes existiert. Doch ist mein Leib immer mit der Welt verbunden. Nur mental kann ich mir beide, Umwelt und Leib, als Entitäten vorstellen. Und hier liegt die Crux dessen, was Husserl, Levinas und Schütz sagen wollen könnten, dass Denken kein Wahrnehmen ist und das Gedachte kein Spiegel der Welt, sondern meines Denkens ist. Wie relevant dieses Denken dann für mich wird, ist abhängig von der Relevanz, die ich diesem Denken in meiner Welt gebe.

Doch zurück zum Original: Was bewegt mich besonders im Hinblick auf Intuition? Erst einmal geht es eben nicht um reine Spontaneität, sondern es geht Husserl, wenn er über Intuition schreibt, um eine Methode, das Wesen der Dinge zu erschauen. In Gestalt-Begriffen: Es geht um Kontakt und genauer um Vollkontakt: Ich erfahre etwas und bin nach der Erfahrung »erfüllter«. Intuition ist nach Levinas für Husserl Erfüllung in der Gegenwart. Breyer (2010, S. 89) schreibt im *Husserl-Lexikon* dazu: »Der erfüllende Akt ist ein Akt der Intuition, der den Gegenstand in voller Konkretion ›direkt vor uns hin‹ stellt, so dass sich ein Erlebnis der Form ›das ist es selbst‹ (XIX/2, 597) im Bezug auf den Gegenstand ergibt«. Die Vergegenwärtigung des Dings / des Objekts im Hier-und-jetzt lässt mich das Wesen infolgedessen leibhaftig erfassen. Dieses Geschehen ist die Wirklichkeit, das Leben, die Praxis, die wirkende Energie!

Was verstehen Levinas & Husserl unter Intuition?

Was versteht Levinas, und ich wiederhole es mit Nachdruck, in Anlehnung an Husserl nun unter Intuition? Für Levinas ist es die *Bewusstseinsweise, mit der* wir mit dem Sein in Kontakt gehen. Stefan übersetzt hier »die Weise, durch die ...«.

Bei ihm klingt es mehr wie ein Vorgang, ein Prozess, bei mir methodisch:

Original: »Seul l'acte objectivant a le privilège de donner l'objet, et [...][02] notre contact avec le réel a la structure de la représentation. Mais toute représentation ne pose son objet comme existant, avec le même droit.[03] Nous pouvons avoir affaire, en effet, à des objets purement imaginaires, et à d'autres ›seulement pensés‹. La pensée comprise comme jeu mental qui accompagne la compréhension des mots, par exemple, est, elle aussi, une intentionalité:[04] elle tend aussi vers l'objet, qu'elle signifie; mais elle n'a pas affaire pour cela à l'objet existant, et elle n'a pas, par elle-même, le droit de le poser comme tel. Le mode de la conscience ou de la représentation, par lequel nous entrons en contact avec l'être, est un acte d'une structure déterminée et, – disons-le tout de suite, – c'est l'intuition.« (S. 101.)

Englische Übersetzung (von André Orianne):[05] »Only an objectifying act has the privilege of giving us an object and [...][06] our contact with reality has the structure of a representation. But not all representations have the same right to posit their object as existing. We may be dealing with purely imaginary objects or with objects that are ›merely thought‹. Thought, for example, understood as a mental play that accompanies the comprehension of words, is also intentional; it is directed toward the object it means. But this does not say that this object exists, and thought cannot by itself posit the object's existence. The mode of consciousness or of

02 Die Auslassung basiert auf dem fehlenden Satzbeginn (zugleich Beginn des Kapitels »Intuition«): »Le chapitre précédent nous a montré que ...«
03 [Fn. von Levinas:] [Edmund Husserl], *Ideen [zu einer reinen Phänomenologie und phänomenologischen Philosophie*, 1913], S. 280-281.
04 Üblich ist die Schreibweise »intentionnalité«. Levinas schreibt den Begriff durchgängig mit nur einem *n*.
05 Emmanuel Levinas: *The Theory of Intuition in Husserl's Phenomenology*, übersetzt v. André Orianne, Evaston 1995 (Northwestern University Press).
06 Vgl. Fn. 2: »The preceding chapter has shown that only ...«

representation through which we enter into contact with being has a determinate structure; it is, let us declare at once, intuition.« (S. 65.)

Stefan: »Nur einem Akt der Vergegenständlichung kommt der Vorzug zu, einen Gegenstand darzustellen, und unser Kontakt mit der Wirklichkeit hat die Struktur der Repräsentation. Aber nicht jede Repräsentation stellt mit demselben Recht ihren Gegenstand als existent dar. Wir können es tatsächlich zum einen mit rein imaginären Gegenständen zu tun haben und zum anderen mit Gegenständen, die ›bloß gedacht‹ werden. Denken, verstanden als Gedankenspiel, das zum Beispiel das Verstehen von Worten begleitet, beabsichtigt auch etwas: auch dieses Denken zielt auf einen Gegenstand, den es bezeichnet; aber es muss nicht sein, dass der Gegenstand tatsächlich existiert, und Denken hat nicht aus sich selbst heraus das Recht, seinen Gegenstand als existierend darzustellen. Die Weise des Bewusstseins oder der Repräsentation, durch die wir mit dem Sein in Kontakt treten, ist ein Akt mit einer bestimmten Struktur und ist, sagen wir es gleich: Intuition.«

Cornelia: »Allein im Distanzierungsakt wird uns ein Objekt bewusst, und ... damit unser Kontakt mit der Form bzw. Darstellung einer Wirklichkeitsstruktur. Diese Form jedoch kommt allen Dingen gleich. In der Tat können wir es mit Dingen reiner Phantasie oder nur Gedachtem zu tun haben. Der Gedanke, verstanden als ein mentales Spiel, der zum Beispiel das Verstehen von Worten begleitet, ist wie der Gedanke Bewusstheit. Sie streckt sich dem Ding aus, das sie bedeutet; aber sie hat deswegen nichts mit dem Ding zu tun, sie hat nicht einmal das Recht, es zu beeinflussen. Die Weise des Bewusstseins oder der Darstellung, mit der wir in Kontakt mit dem Sein treten, ist eine Tat mit vollendeter Struktur und – sagen wir es gleich – das ist die Intuition.«

Grundsätzlich ist »Intuition« demnach eine Handlung mit

einer bestimmten Struktur, die sich von alltäglichen Verständigungen unterscheidet. Bei letzteren stellen wir uns die Gegenstände vor. Im intuitiven Akt beziehen wir uns unmittelbar auf etwas, was uns gleichzeitig erfüllt. Buber, der auch Vorlesungen von Husserl besuchte und dessen Werk kannte, gibt in der Auseinandersetzung mit Bergsons Begriff der Intuition eine ähnliche Beschreibung. Intuition bedeutet für Buber (1962, S. 1078), dass das ganze menschliche Wesen im Akt des Erkennens eins geworden ist: »... die Intuition verbindet uns als Personen mit einer uns gegenüberstehenden Welt durch die Schau, verbindet uns mit ihr, ohne uns mit ihr einen zu können, durch eine Schau, die nicht absolut sein kann, die wie alle Wahrnehmung von unserer Beschaffenheit, unserer allegemein-menschlichen und unser persönlichen, bestimmt ist und uns doch in unsäglicher Intimität einen Blick in verborgene Tiefen gewährt.«

Das reine Denken von etwas ist laut Husserl im Vergleich dazu leer und verbindet uns nicht mit der Wirklichkeit (vgl. Muth[07]), die wiederum die Intuition hervorbringt. So unterscheidet Levinas mit Husserl, ob wir etwas über einen Gegenstand wissen oder ob wir einen Gegenstand intuitiv kennen. Diesbezüglich kann mir etwas bewusst sein oder mich intuitiv erfüllen. D. h. ich nehme den Gegenstand in Besitz und dieser Vorgang ist intuitiv. Nicht das, was vorher passiert, zum Beispiel empfindsame Spontaneität ist Intuition, aber auch nicht die denkerische geistige Tätigkeit zum Gegenstand hin ist eine intuitive. Selbst wenn wir diese Fülle empfinden, sind deren innere Repräsentationen nicht mit dem intuitiven Akt zu verwechseln. Denn es gibt kein Konzept über den intuitiven Inhalt des Aktes. Intuition meint schlechthin eine wiederbelebende Beziehung zu einer Sache, die erfüllt. Während dieser Wiederbelebung treten wir mit

07 Cornelia Muth: *Nicht für die Theorie, sondern für das Leben erkennen ...* www.gestalt.de/muth_theorie_leben.html (abgerufen am 12. 5. 2018).

der Wirklichkeit in Kontakt, die uns erfüllt. Mit anderen Worten: Ich verwirkliche mich, wenn ich mit der Wirklichkeit in meiner geistigen Wahrnehmung übereinstimme.

Als praktischen Hinweis führen Husserl und Levinas das Erfahren von Enttäuschung ein, die sich als partielle Verwirklichung entpuppt. Durch die Enttäuschung erfahren wir, dass die kategorialen Begriffe von Dingen nicht die Dinge selbst sind. Enttäuschungen/Dissonanzen sind also ein Zeichen, dass ich mich nicht eingelassen habe. Gleichzeitig erzeugt diese Erfahrung aber auch ein Wissen. Demnach werden wir das Sein nie in den Begriffen finden, sondern nur im Leben selbst. Dennoch spielen Bedeutungserfassung und Bewusstsein entscheidende Parts im erfüllenden Vergegenwärtigungsakt. Entscheidend ist jedoch, dass etwas zur Selbstgegebenheit kommt. Intuition ist somit ein leibhaftiger Wahrnehmungsvorgang, der sich eben nicht additiv zusammensetzt. Eine Wahrnehmung ist eine intuitiv evidente, wenn Bewusstsein und Leben gleichzeitig präsent sind. Die Intuition realisiert eine echte Einsicht. Wahrnehmung und Geschehen stimmen überein. Und dieses Ereignis ist eine Erkenntnis, die mir widerfährt, die mir als Erkenntnis gegeben und von mir erlebt wird. Dass etwas existiert, erfahre ich, und zwar meine unmittelbare Wirklichkeit, in der das geschehene Urteil die Wahrheit des Vorganges ausdrückt. Intuition ist demnach auch immer das, was ich während des Kontaktes empfindsam werte.

Durch Intuition erlangen wir Bewusstsein von Wahrheit; und im intuitiven Bewusstsein zur Welt erkennen wir das echte Leben. Wir nehmen unser Sein wahr, welches nicht auf Kategorien reduziert werden kann.

Spontane Akte, in denen wir uns auf das unbekannte nichtwissende Sein einlassen, sind dann Ausdruck unserer Intuition, ohne das Denken und Urteilen dabei auszuschalten.

Verdichte ich noch einmal, was ich mit Levinas und Husserl unter Intuition bis hierhin verstehe:

- Intuition ist eine leibhaftige Wahrnehmungsweise.
- Es geht nicht um sinnvolles Erkennen, sondern um das, was mir als erlebendes Erkenntnissubjekt widerfährt.
- Die Begriffe selbst sind bei der intuitiven Wahrnehmung weniger entscheidend als vielmehr das Loslassen der kategorialen Ausrichtung, die sich jedoch auch im Wahrnehmungsbewusstsein niederschlägt. Insofern wird das Denken nicht ausgeschaltet.
- Das Gelingen vollständigen Einlassens auf die Wirklichkeit wird uns in der Regel im Ausbleiben dieser erfolgreichen Handlung bewusst. Die damit verbundene Enttäuschung ist Ausdruck und Ergebnis einer gespaltenen Hingabe, mit der wir nicht wirklich die Wahrheit unseres Seins erfassen. Das Wesentliche zeigt sich vielmehr im veränderten neuen Sein, was zur Befriedigung bzw. Lebensfreude führt statt zur Frustration.

Mit anderen Worten: Es geht um den nährenden Kontakt während meiner Welt- und Wirklichkeitswahrnehmung. Doch ist diese Wahrnehmung subjektiv, wie wir alltäglich im intersubjektiven Austausch erfahren können. Leibhaftigbiographisch erspüren wir eine Differenz zwischen meiner Wirklichkeit und der meines Gegenübers. Doch treffen nicht einfach zwei Wirklichkeitswahrnehmungen aufeinander. Der Austausch findet auf dem Hintergrund von Realitäten statt, die unabhängig von den subjektiven Wahrnehmungen bestehen und noch bis zu einer gewissen Grenze wahrgenommen werden könnten. Nach Husserls phänomenologischer Methode führe ich dann eine eidetische Reduktion vor, in dem ich das Wesen, den Eidos, dessen, was unverrückbar erscheint, erkenne. D. h. ich nehme wahr, dass es noch andere Wahrnehmungen bzw. Differenzen gibt, und das geht nur, wenn noch größere Zusammenhänge, weitere Hintergründe wie in der Mengenlehre existieren. Soziologisch unterscheidet Enno Schmitz in Anlehnung an Schütz und Luckmann zwischen der subjektiven und objektiven Wirklichkeit. Diese Bezeichnungen gehen aber weit über das, was Kant[08] als erkennbares Wissen von Seiten der Vernunft beschreibt. Radikal ausgedrückt führen diese phänomenologischen Soziologen den Slogan Nietzsches fort: Alles ist Interpretation. Böhme und Böhme (1985) gehen in ihren Thesen zum »Anderen der Vernunft« noch weiter: Selbst der Traum sei diesbezüglich eine Erkenntnisquelle, da die ganze menschliche Natur – wie Leib, Einbildungskraft, Begehren und Gefühle – eingeschlossen werde, ohne die »unverfügbare Macht des Realen« zu leugnen (vgl. Wimmer, S. 439). Doch mit der Ablehnung des herrschenden Logozentrismus und damit auch des Zusammenhaltes einer symbolischen Ordnung wird alles in Frage gestellt, so Wimmer in Anlehnung an Derrida (ebd.). »Die als Verkennung der Heteronomie der symbolischen Ordnung entzifferbaren Illusionen eines handlungsmächtigen intentionalen Subjektes und der Selbsthervorbringung des Menschen, die im bildungsphilosophischen Leitbild eines autonomen Subjekts mehr als nur ihren Nachhall finden, zergehen angesichts der Selbstfundierungsunfähigkeit ebenso wie die Illusion eines geschlossenen Sinnuniversums mit eindeutigem Realitätsbezug angesichts der Referenzlosigkeit der Zeichen und der durch das Geschehen der *différance*[09] unbegrenzbaren *dissémination*[10] der Bedeu-

---

08 Wie Kant damit gerungen hat, die Einbildungskraft als Erkenntnisquelle zu akzeptieren, zeigen Böhme/Böhme auf, wenn sie die Auseinandersetzung Kants mit Emanuel Swedenborg, der sich in Kontakt mit einer Geisterwelt wie z. B. mit Engeln fühlte, ausführlich reflektieren (1985, S. 250ff).
09 »différance« statt *différence* (Unterschied) zu schreiben, geht auf Jacques Derrida zurück. Hiermit wollte er veranschaulichen, dass es wesentliche Unterschiede zwischen Schreiben und Sprechen geben kann, denn die veränderte Schreibweise ist unhörbar.
10 *dissémination* (»Streuung«, vor allem als ein medizinischer Fachbegriff gebräuchlich). Titel eines Buches von Derrida (1972). Er meint mit dem

tungen in einer unabschließbaren Struktur ohne [ein] sie beherrschendes Zentrum« (ebd., S. 444 – Hervorhebung i. O.). Denken und Handeln können demnach am besten in einem paradoxalen Verhältnis gesehen werden. Das Wissen steht für sich, ebenso das Handeln. Welt und die Andersheit des Anderen lassen sich gerade nicht kontrollieren, da das Leben kontingent verläuft bzw. zwischen dem Realen und dem Symbolischen eine Kluft verläuft, die auch das Wissen nicht überbrückt. Der Glaube an die Macht des Wissens ist nach Wimmer eine Illusion und lässt fachliche wie alltägliche Fiktionen und Mythen entstehen, die die Unsicherheit professionellen Handelns auflösen sollen statt diese als Kennzeichen dieses Handeln zu verstehen. Und Unsicherheit macht Angst.

Hinzu kommt, wie schon Perls et al. (PHG) in *Gestalt Therapy* (1951) analysieren, »the social fear of creativity«, was in der Stuttgarter Übersetzungsausgabe von 1979 mit »sozialer Angst vor Neugestaltung« übersetzt wird. PHG schreiben diesbezüglich sogar von der »epidemischen Angst vor der Spontaneität« (S. 188). So könnten wir sagen, dass aufgrund von Angst, Intuition als nährender Austausch zwischen Organismus und Umwelt abgewehrt wird. Verstehe ich dann weiter Intuition als spielerische Aggression, so beschreibt Stefan am Ende seinen *Gestalt Essentials*, wie aus Angst vor Aggression und dem Risiko vor dem Unbekannten statt Befriedigung Sicherheit gesucht wird (vgl. 2012, S. 159f).

Gestalttheoretisch gesprochen übersetze ich also Intuition als Begriff für den nährenden Austausch zwischen Organismus und Umwelt. Hunger und Bedürfnis wären demnach auch abhängig von vorangegangenen Enttäuschungen. Ähnlich wie Fuhr und Gremmler-Fuhr (1995, S. 69) in ihrem Buch zum Gestalt-Ansatz »Organismus und Umweltfeld als

Begriff, ein Text sei in seiner Bedeutung nicht genau bestimmbar. Insofern vollziehe die »disseminale Lektüre« einen »absoluten Bruch« mit dem gegebenen Text.

ein einheitliches, dynamisches und ungeteiltes System, eine Gestalt« beschreiben, verstehe ich das von Levinas und Husserl dargelegte Konzept zur Intuition. So teile ich auch des weiteren die Idealvorstellung des Autor*innenpaars, den Zugang zu diesem Feld, Menschen in Therapie, Beratung und Pädagogik wieder zu ermöglichen. Gelungene Intuition wäre demnach für mich die tiefe organisierende Kraft des Organismus, die Seins-Kraft zu entfalten. Gelingender Nachweis oder Erfolg für meine Wahrnehmung wäre dann das wirkliche Erlangen biographischer Wahrheit.

In der Realität haben unsere Organismen jedoch unterschiedliche Feld-Erfahrungen erlitten, so dass wir Menschen aus unterschiedlichen Perspektiven bzw. Identifikationen uns selbst und unsere Umwelt wahrnehmen.

Entscheidenden Einfluss hat nach dem Gestalt-Ansatz die Bedeutung des Hintergrundes (Fuhr/Gremmler-Fuhr ebd., S. 73), den Levinas in dem bislang genannten Buch nicht beschreibt, jedoch Husserl in seinen *Cartesianischen Meditationen* (1980/1929 in deutscher Sprache in Paris gehaltene Vorträge), wenn er sagt, dass Intuition uns den ursprünglichen Sinn von Realität gibt: »Et, dans chaque expérience actuelle, il [le sens – CM] est entouré – pour des raisons essentielles et non pas à cause de notre faiblesse – d'horizons qui ont besoin d'élucidation« (ebd., S. 129). Ich paraphrasiere diesen Satz folgendermaßen: In jeder unmittelbaren Erfahrung ist der Sinn umgeben von einem Horizont, der Aufklärung bedarf.

Für Fuhr und Gremmler-Fuhr spiegelt der Hintergrund unser »Wirklichkeitsverständnis im jeweiligen Augenblick« wider und das »Feld den Hintergrund unseres Selbstverständnisses« (ebd., S. 73). Für Husserl sind unsere Empfindungen sogar Ordnungssysteme, die meine Aussagen und Aussagen über meine Aussagen strukturieren; so dass aufgrund der Einzigartigkeit eines jeden Menschen jede Intuition ursprünglich bzw. originär ist (ebd.). Espinet und Steffen (2010) verstehen mit Husserl unter Originarität-Erfahrung eine Erfahrung ›leibhaftiger Gegenwärtigkeit‹ (Husserl nach ebd., S. 220). Sie zitieren dabei Husserl: »wonach ›jede originär gebende Anschauung eine Rechtsquelle der Erkenntnis sei, daß alles, was sich uns in der »Intuition« originär, (sozusagen in seiner leibhaften Wirklichkeit) darbietet, einfach hinzunehmen sei, als was es sich gibt‹« (ebd., S. 222). Dieser Ordnung kann ich mir phänomenologisch gewahr werden, in dem ich meine Erfahrung einklammere und in Distanz zu meinem geistig angeschauten Sein komme.

Diesbezüglich ist unser Leib eine Art flexibler Leuchtturm unseres Lebens. Dessen Sinn gibt uns Richtung und Gewahrsein; unser Bewusstsein und insbesondere unsere Intuition treibt diesbezüglich unsere zwischenmenschliche Verwirklichung voran. Diese Bedeutsamkeit des Leibes hat nicht Levinas weiterentwickelt, sondern ein anderer Husserl-Schüler, der auch an den berühmten Reden zu den *Cartesianischen Meditationen* seines Meisters 1929 teilgenommen hat, und das war Maurice Merleau-Ponty. Mit seiner »Phänomenologie der Wahrnehmung« erfahren unsere lebensweltlichen Strukturen, d. h. leiblichen Empfindungen, im Vergleich zu Seiten wissenschaftlich positivistischen Denkens eine tiefe Wertschätzung (vgl. Günzel 2008, S. 81). Günzel nimmt dazu einen kritischen Kommentar von Hannah Arendt auf: »Wenn man die Wahrnehmung ... auf das Denken der Wahrnehmung reduziert, so schließt man eine Versicherung gegen den Zweifel ab, deren Prämien kostspieliger sind als der Verlust, für den sie uns entschädigen soll: denn das bedeutet, auf das Verständnis der tatsächlichen Welt zu verzichten« (Arendt nach Günzel ebd., S. 66). Bei dieser Betrachtungsweise erhält der leibliche Zwischenraum – unsere Empfindungen – eine mediale Funktion und die Ordnung des Lebens die Funktion eines Leuchtturms in

Bewegung. Infolgedessen führt die Raum-Wahrnehmung zu befriedigenden Funktionalitäten unseres Kontaktes. Dass das leider nicht immer funktioniert, hängt sehr wohl auch von der organismischen Kraft ab, sich intuitiv zu verwirklichen. Damit wären wir im gestalttheoretischen Sinn bei den bekannten Kontaktfunktionen, die hier keine weitere Vertiefung erfahren.

Festzuhalten bleibt, dass Husserl diese vielfältige Differenzierung nicht anvisiert hat. Er glaubte als Wissenschaftler seiner Zeit noch an den Mythos der neutralen Vogelperspektive[11] und meinte eine allgemeine Methode entwickeln zu können. Wie anders die Andersheit des Anderen ist, und wie jede Verallgemeinerung ein Gewaltakt ist, hat dann später sein Schüler Levinas aufgezeigt. In dem beeindruckenden Aufsatz zu Levinas' Denken von Derrida »*Gewalt und Metaphysik*« (1972, Original von 1967 in französischer Sprache) wird deutlich, wie selbst das Denken des Seins nie gewaltfrei verläuft. Allein »das Denken des Seins ..., das allein die Anderen in ihrer Wahrheit sein lassen kann, das den Dialog und das Angesicht von Angesicht erlaubt, ist der Gewaltlosigkeit deshalb so nahe wie möglich« (ebd., 224). Selbst reine Gegenwart ist Gewalt als Sinn der Endlichkeit. Das Sein ist für Levinas und Derrida transkategorial. Eigentlich müssten wir darüber schweigen, wollten wir gewaltfrei sein. Doch ein gewaltloses Wesen zeugt nichts, hat Nicht-Geschichte und Nicht-Phänomenalität. Nur ein Gesicht kann die Gewalt

---

11 So schreibt Viktor v. Weizsäcker im Gestaltkreis (1967/1940) sehr anschaulich, dass Wahrnehmen und Bewegen untrennbar sind. Mit anderen Worten: Jede Beschreibung unserer Wahrnehmung spiegelt unsere Bewegungen mit der Welt wider. Auch der Forscher muss in seinen Akten improvisieren und sich mit dem Leben verwickeln, um die praktische Forschung zu erfahren. Eine Vogelperspektive dabei einzunehmen, ist quasi unmöglich. Ähnlich argumentiert Buber: »Erst diese Übertragung (Erfahrung in Worte bringen) findet in einer Abhebung und Entfernung vom Gegenstand statt; der entscheidende Akt des Geistes hat schon vor ihr stattgefunden: die primäre Ideierung geht der abstrahierenden voraus« (1982, S. 145).

aufhalten, obwohl es gleichzeitig Gewalt erzeugt. Ohne das Denken des Seins gibt es nur reine Gewaltlosigkeit oder reine Gewalt als Nicht-Verhältnis des Selbst zum Anderen. Der Logos, den Derrida mit Levinas der griechischen Sprachtradition zu schreibt, gibt uns Raum und Zeit an; und paradoxer Weise gibt Sprache dem Anderen Welt. So gibt es keine Sätze ohne die Gewalt des Begriffs. Sprache »... ist aber auch die erste Niederlage der nihilistischen Gewalt und die erste Epiphanie des Seins« (ebd., S. 225 ff). So ist Sein als Begriff das »erste Verbergende« und Schweigen, was für beide Autoren in der hebräischen Tradition liegt, entfaltet die wirkliche Wahrnehmung des absolut Anderen. Ansprechen kann ich die Andersheit nur im Vokativ, d.h. diese ohne Benutzung vom Artikel anzurufen, wie >setz Dich, lieber Gast<, oder >oh Mann< oder >hey Mann< oder >das ist der Peter< oder >lieber Peter<. Denn der/die Andere ist unendlich und keine Totalität kann den Anderen je erfassen. Was bleibt ist: »Das Angesicht wird nur *im* Von-Angesicht-zu-Angesicht zum Gesicht« (ebd., 151). So ist das Gesicht Präsens. Wenn das Gesicht zum Ausdruck kommt, stehen die Zeichen dahinter; mein Sprechen kann weder beistehen, bewahren noch helfen. Und so kritisiert Derrida mit Levinas die okzidentale Philosophie als eine, die den Anderen nicht denkt. Von Platon bis Husserl wird kohärent gedacht, d.h. Sprache wird mit Wirklichkeit gleichgesetzt statt empirisch wahrzunehmen. Doch sobald wir unsere Wahrnehmung in Worte fassen, sind wir wieder von der Wirklichkeit getrennt und vertrauen auf die Welt des Logos.

Dass Stefan und ich diesbezüglich keine gemeinsame Sprache haben, spürte ich auch beim ersten Lesen des Textes von Stefan. Würde ich ihn durch seinen Text vermeintlich wirklich erkennen zu meinen, würde ich ihn mit meinem Denken totalisieren, oder gestalttheoretisch konfluent sein. Mit anderen Worten: Stefan als Anderer ist nicht zu besitzen, zu ergreifen, zu erkennen, zu sehen, zu wissen, zu haben und zu können. Er ist das »Unvorhersehbar-Andere«. Und so war ich sehr erstaunt, wie anders ihn die übersetzten Textabschnitte zur Intuition inspiriert und zu neuen Erkenntnissen gebracht haben. Levinas beschreibt für mich in »*Ethik und Unendliches*« diesen Prozess folgendermaßen: »Die Erkenntnis ist immer eine Entsprechung zwischen Denken und Gedachtem. Letztlich liegt im Bereich der Erkenntnis eine Unmöglichkeit, aus sich selbst herauszutreten; von daher kann die Sozialität *(socialité)* nicht die gleiche Struktur haben wie die Erkenntnis.« Und: »Die kühnste und entfernteste Erkenntnis bringt uns nicht mit dem wirklich Anderen in Verbindung; sie ersetzt die Sozialität nicht; sie ist noch und immer eine Einsamkeit« (Levinas, S. 46f, nach Reichert 1996, S. 265).

Aber auch Buber kritisiert Husserl (Buber 1982). Am Beispiel des Schmerzes zeigt Buber, dass dessen Wesens-Wahrnehmung eben nicht ein »asketischer Akt der Entwirklichung« (Husserl nach Buber ebd., S. 144) ist, sondern eine geistige Hinwendung: »Das heißt: der Geist bleibt durchaus nicht draußen und er entwirklicht nicht, er wirft sich selber in die Tiefe dieses wirklichen Schmerzes, er nimmt Wohnung im Schmerz, er gibt sich ihm hin, er durchgeistigt ihn, und nun gibt sich ihm gleichsam der Schmerz selber in solcher Nähe zu erkennen. Die Erkenntnis geschieht nicht durch Entwirklichung, sondern gerade durch ein Eindringen in diese bestimmte Wirklichkeit, und zwar durch ein Eindringen solcher Art, daß sich eben im Innern dieser Wirklichkeit das Wesen erschließt« (ebd., S. 144f). Mit anderen Worten ist der »entscheidende Akt der Ideierung«[12] eine intuitive Wesensschau, die auf Erfahrung aufbaut. Geist

12 Ein Begriff, der auf Max Scheler zurückgeht. Mit ihm bezeichnet er das Erfassen wesentlicher Beschaffenheiten der Welt. Das entspricht seiner Interpretation der ›phänomenologischen Wesensschau‹ Husserls.

bzw. Intuition ist dann bei Buber ebenso ein unerwartetes Geschehen in »vollkommener Gegenwärtigkeit« (S. 145), bei dem der Mensch seine Teilnahme am Sein der Welt trotz seines Widerstandes erfährt (vgl. ebd.): »Es gibt keinen anderen Geist, als der sich aus der Einheit des Lebens und der Einheit mit der Welt nährt« (S. 151). So sind Widerstände für Buber nicht nur psychologisch zu erklären. Für ihn ist der Kontaktverlust mit dem unmittelbaren Sein ein Fehlen »echten, elementaren Vertrauens« (S. 153).[13] So bestimmen Misstrauen und Daseinsängste unser Sein bzw. schränken unsere Wahrnehmungen von Welt ein und bestimmen unsere Wirklichkeitserfassung.

Wie Daseinsängste die wissenschaftliche Analyse beeinflussen, darauf hat der brillante George Devereux, Psychoanalytiker und Feldforscher, in seinem Buch »*Angst und Methode in den Verhaltenswissenschaften*« von 1967 hingewiesen. Leider hatte schon damals der Verfasser des Vorwortes Weston La Barre recht, wenn er prophezeite, dass den von Devereux dargestellten unbewussten Ängsten von Wissenschaftler*innen »eher schlichte Verleugnung und stillschweigende Vernachlässigung zuteil werden« (S. 12). Devereux zeigt anhand vieler Vignetten, wie Ängste der Sozialwissenschaftler die Erkenntnisse färben. Und so lange es darüber kein Gewahrsein und keine Aufarbeitung gäbe, sieht Weston La Barre »... keine Möglichkeit für irgendeine authentische Spezialwissenschaft, sondern nur weiter die des charismatischen Posierens und des wirkungslosen Wechsels der Moden in der ›methodologisch‹ rationalisierten Folklore über den Menschen« (ebd., S. 12).

So frage ich mich angesichts des Zusammenhangs zwischen Angst und Intuition, wie wir wieder Kontakt zur Intuition be-

---

13 Auf die Frage, wie wir es wiedergewinnen können, sagt Buber in den *Philosophical Interrogations*: »Wie pflegt man das Vertrauen? Durch eigene Vertrauenswürdigkeit« (Buber 2017, S. 834).

kommen. Wie werden wir für diese Art von Intuition frei? Wie können wir intuitionell leben? Welche Ängste könnten uns vom intuitiven Leben abhalten? Woran könnten wir Mitmenschen wahrnehmen, deren Intuition eingeschränkt ist? Hasselmann und Schmolke beschreiben diesbezüglich eine Seelenlehre,[14] die von sieben Ur-Ängsten ausgeht (2009). Ihres Erfahrungswissens nach gibt es folgende seelische Archetypen von Angst:

- Die Angst vor der Unzulänglichkeit, die sich einerseits als übermäßige Selbstverleugnung und andererseits überdrehter Bescheidenheit zeigt.

- Die Angst vor der Lebendigkeit, die sich in selbstsabotierenden Handlungen ausdrückt und wahrnehmbar an selbstzerstörenden oder aufopfernden Verhaltensweisen wird.

- Die Angst vor der Wertlosigkeit, die sich im Märtyrertum wiederfindet. Ausdruck dafür sind selbstbestrafende und selbstlose Handlungen.

- Die Angst vor dem Unberechenbaren, die sich durch Starrsinn ausdrückt und verbissen oder entschlossen daherkommt.

- Die Angst vor Mangel als Gier, deren Zeichen bei Unersättlichkeit und Selbstzufriedenheit erkennbar wird.

- Die Angst vor Verletzung, die im Hochmut steckt, spiegelt sich im selbstgefälligen und stolzen Haltungen wider.

- Die Angst vor Versäumnis, die zwischen Unduldsamkeit und Waghalsigkeit verläuft, drückt sich in Ungeduld aus.

Diese Ängste kann ich als Hintergrund und Motor und Hinderer meines mehr oder weniger intuitiven Handelns verstehen. Nach dieser Seelenlehre verläuft zu unserer Angstent-

14 Vgl. die Diskussion um Aristoteles und Thomas v. Aquin von Stefan Blankertz, *Gestalt begreifen*, Wuppertal ³2003. Für ihn entspricht »Goodmans Begriff des ›Selbst‹ ... dem aristotelischen Begriff der ›Seele‹« (S. 81).

wicklung polar unsere Liebesentwicklung. Liebe ist demnach ein Indikator, ob bzw. dass wir unserer Intuition in der Kontaktaufnahme und beim Kontaktvollzug gefolgt sind und damit uns wirklich und unser Gegenüber in Wahrheit erfahren. Das Leben mit weniger Angst ist für das Autorenpaar ein geistiger Akt, d. h. es geht weniger um Introspektion als viel mehr um Wahrnehmung meines Handelns und Seins mit der Welt und den Mitmenschen in Hinblick auf Liebe und Erkenntnis meiner Ängste. Diese zeigen sich überwiegend in Rationalisierungen und Rechtfertigungen (vgl. Hasselmann/Schmolke 1993, S. 166). Intuition ist nach dieser Lehre unmittelbar und kommt ohne langes Reden aus, obwohl sie eine mentale Haltung ist. Ob ich jedoch meiner Intuition wirklich gefolgt bin und diese Recht hatte, erfahre und erspüre ich erst im Nachhinein (vgl. Hasselmann 2015, DVD). Wahrscheinlich hat Buber (1922) wieder einmal etwas Kluges formuliert, wenn er sagt, es kommt nicht auf das Erlernbare an, sondern auf die »Hingabe ans Unbekannte«. Denn in jedem wirklichen Augenblick schöpft sich seiner Ansicht (1965) nach Wirklichkeit neu, da sie unvorhersehbar und »unvorwissbar« ist. Philosophisches bzw. wissenschaftliches Denken übersieht meist diese konkrete Erfüllung in der Gegenwart. Ein solches Denken ist eben nicht mit der Wirklichkeit in Kontakt, weil es universalsprachlich abstrahiert. Denken ist für Buber vielmehr »Geist in der Haltung der Selbstanschauung« und zerreißt dabei »die Ganzheit der konkreten Person«. So hilft es mir auch nicht, mich zu Husserl oder zum Gestalt-Ansatz zu bekennen. Mein Ganzwerden als Mensch geschieht durch rückhaltloses Bekennen in der »reinen Gestalt der Begegnung« (ebd., S. 123).

Abschließend danke ich Stefan für die gemeinsame Reise ins Ungewisse der Intuition!

Herr Waldemar *sprach* — und vermutlich in Erwiderung der Frage, die ich ihm ein paar Minuten vorher gestellt hatte. Man wird sich erinnern, daß ich ihn gefragt hatte, ob er noch schlafe. Er sagte jetzt: »Ja; — nein; — *ich habe* geschlafen — und jetzt — jetzt — *bin ich tot.*« Keiner der Anwesenden machte auch nur den Versuch, das unerhörte, schaudernde Entsetzen zu verbergen, das diese wenigen so fürchterlich gesprochenen Worte ihm eingeflößt hatten. Herr L — — l (der Student) wurde ohnmächtig. *Edgar Allan Poe,* 1845.[001]

001 Edgar Allan Poe, *Die Tatsachen im Falle Waldemar* (1845), in: Gesamtausgabe der Dichtungen und Erzählungen, Bd. 2, Berlin 1922, S. 292f. Der sterbende Patient W. wird hypnotisiert. Geschrieben wie ein »Tatsachenbericht«.
M. Valdemar *spoke* — obviously in reply to the question I had propounded to him a few minutes before. I had asked him, it will be remembered, if he still slept. He now said: »Yes; — no; — *I have been* sleeping — and now — now — *I am dead.*« No person present even affected to deny, or attempted to repress, the unutterable, shuddering horror which these few words, thus uttered, were so well calculated to convey. Mr. L — — l (the student) swooned.
Teilweise zitiert als ein Motto von Jacques Derrida in: *Die Stimme und das Phänomen* (1967), Frankfurt/M. 2003.

Stefan Blankertz

FÜR DEN NEUEN ANTIKOLONIALISMUS
Auf der Spur der Intuition zum Frieden mit dem Andren
XI Sinn-Thesen

Wie es sich einem Denken geziemt, das der Idee des Systems nicht sich beugt ...
Theodor W. Adorno, 1956.[002]

Ohne die bessere Lektüre des Thomas von Aquin wäre auch dieser Essay nicht möglich ... *take him like whisky straight* ...

I
Meinhaftigkeit: Letzte und erste Gewissheit. — Beginnen wir bei René **Descartes** (1596-1650), Urquell neuzeitlicher Philosophie, Philosophie der Aufklärung. Edmund **Husserl** zeigt in den *Cartesianischen Meditationen*, einer Vortragsreihe, die er Mitte Februar 1929 an der Pariser Sorbonne vor einem in »Phänomenologie« unbewanderten Publikum als Einleitung in seine eigene Vorstellungswelt hielt, wie nahtlos er von Descartes ausgehend den Faden des Denkens weiterzuspinnen vermag. 1931 erschien die Übersetzung durch Emmanuel **Levinas** (nebst Gabrielle Peiffer und Alexandre Koyré) und erst 1950 das deutsche Original. Am Anfang seiner Meditationen formuliert Husserl die Mahnung, jeder, der »ernstlich Philosoph« werden wolle, müsse sich zumindest einmal in seinem Leben auf sich selbst

002 Theodor W. Adorno, in: *Zur Metakritik der Erkenntnistheorie: Studien über Husserl* (1956), Frankfurt/M. 1990, S. 9.

zurückziehen und in sich den »Umsturz aller vorgegebenen Wissenschaften und ihren Neubau« versuchen.[003]

Der skeptische Gedanke von Descartes ist so einfach wie einleuchtend; er nennt ihn: *evident*, augenfällig und augenscheinlich, offenkundig und offensichtlich, unanzweifelbar und unbezweifelbar. Stimmigerweise wäre ich ja, überlegte Descartes, SELBST in solchem Fall noch Ich, dass ein großer, aber überzeugender Irrtum mein Denken umfassend auf die falsche Fährte setzt, meine Urteile verfälscht sowie meine Schlussfolgerungen verwirrt, meine Sinne täuscht. Mag mir der Schwindel den Geist so stark durcheinander wirbeln und benebeln, als er »will«, nie jedoch wird er jenes bewirken können: dass ich denke, Ich sei (denke) *nicht*, während ich denke, Ich sei *etwas*[004] (ein Denkender). Nachdem Descartes dies wieder und immer wieder erwogen hatte, musste er schließlich feststellen, dass der Satz: »Ich bin, ich existiere« als *unbedingt wahr* zu gelten habe.[005]

Das **Ich** stellt revolutionär sich gegen die Ewigkeitsfaktoren von *Gott* und *Staat*, *Volk*, oder *Rasse*, und *Nation*.

003 Edmund Husserl, *Cartesianische Meditationen: Eine Einleitung in die Phänomenologie* (1929), in: Husserliana, Band 1, Den Haag 1950, S. 4. Der meiner Intuition nach feinste Text Husserls.

004 Dieses »etwas« spielt, wie wir sehen werden, eine zentrale Rolle in der Phänomenologie Husserls.

005 René Descartes, *Meditationen über die Erste Philosophie* (1641), II3. Ludwig Fischers Übersetzung, 1898: »Ganz zweifellos bin aber eben darum auch ich, wenn er [irgend ein sehr mächtiger, sehr schlauer Betrüger, der mit Absicht mich immer täuscht] mich täuscht; mag er mich nun täuschen, soviel er kann, das wird er doch nie bewirken können, daß ich nicht sei, während ich denke, ich sei etwas! Und nachdem ich so alles wieder und immer wieder erwogen habe, muß ich schließlich konstatieren, daß der Satz: >Ich bin, ich existiere< unbedingt wahr ist, so oft ich ihn ausspreche oder denke.« *Latein* 1641: »Si [deceptor summe potens, summe callidus, qui de industria me semper fallit] me fallit; & fallat quantum potest, nunquam tamen efficiet, ut nihil sim quamdiu me aliquid esse cogitabo. Adeo ut, omnibus satis superque pensitatis, denique statuendum sit hoc pronuntiatum, >Ego sum, ego existo<, quoties a me profertur, vel mente concipitur, necessario esse verum.« *Französisch* 1647: »Qu'il [le trompeur très puissant et très rusé, qui emploie toute son industrie à me tromper toujours]

II

Lebendige Selbstgegenwart. — Viel gleichsam reaktionäre
Spitzfindigkeit ist darauf verwandt worden, um Descartes'
Gedanken (sprach-) logische Unstimmigkeit nachzuweisen.
Allerdings greift die Kritik stets die von Descartes im ersten
Anlauf nachlässig formulierte Fassung »*Cogito, ergo sum*«,
ich denke, *also* bin ich, an, die populär geworden ist, aber
den Gedanken eben genau genommen gar nicht angemessen
wiedergibt: Jenes »also« setzt die Gültigkeit des logischen
Schließens voraus, obwohl sie doch in Zweifel gezogen – mit
einem Begriffe der Husserlschen Phänomenologie: obwohl
sie doch »eingeklammert«[006] – werden sollte.

II.2

Existenz sei nicht. — Zum Beispiel Rudolf **Carnap** (1891-
1970): Der Fehler von Descartes liegt laut Carnap zunächst
in der Schlussfolgerung »*ich bin*«. Descartes müsse »*sein*«
mit »*existieren*« gleichsetzen,[007] da ein »Bindewort«, wie
Carnap uns belehrt, niemals ohne die Nennung eines Gegen-

me trompe tant qu'il voudra il ne saurait jamais faire que je ne sois rien, tant
que je penserai être quelque chose. De sorte qu'après y avoir bien pensé, et
avoir soigneusement examiné toutes choses, enfin il faut conclure, et tenir
pour constant que cette proposition: Je suis, j'existe, est nécessairement
vraie, toutes les fois que je la prononce, ou que je la conçois en mon esprit.«
006 Husserl spricht – meistens – nicht von *ausklammern* oder gar von *aus-
grenzen* (wohl aber von »ausschalten«), denn das, was »eingeklammert«
wird, kann zu einem späteren Zeitpunkt der phänomenologischen Untersuchung durchaus wieder hervorgeholt und genutzt werden; sofern es für
die Aufhebung der Einklammerung stimmige Gründe gibt, wird es wieder
»angeschaltet«. »Einklammern« besteht gerade nicht in endgültigem
»Verbannen« eines Gedankens, eines Glaubens, einer Kategorie, einer
Methode, etwa der Realität, der Kausalität oder der Logik, sondern ein
möglicherweise vorübergehendes Außerkraftsetzen, so wie der Zweifel bei
Descartes oder auch die Skepsis bei Hume, die uns noch beschäftigen wird.
In einem freilich anderen Sinne hat Husserl von der »Freiheit der Wieder-
verwirklichung« gesprochen (*Cartesianische Meditationen*, a.a.O., S. 51);
eine schöne Formulierung, die hier auch zupasskäme.
007 Hätte Carnap genau gelesen, dann wüsste er, dass Descartes es präzise
so buchstabiert hatte: »Ich bin, ich *existiere*.«

standes (Objekts) gebraucht werden dürfe. – Soll bedeuten: »bin« sei hier nicht gebraucht im Sinne von: »ich bin stark« oder: »ich bin ein Wortmetz«. – Durch die Gleichsetzung von Sein und Existenz verstoße Descartes in seiner Schlussfolgerung aber gegen die Vorgabe von Immanuel Kant, Existenz könne man bloß hinsichtlich eines Objekts, nicht aber hinsichtlich des Subjekts, auf das es bezogen wird, aussagen; denn »Sein« ist, wie Kant statuiert, keine Aussage über *etwas*, also keine Eigenschaft, die über das hinausgeht, was benannt werden soll: es setzt vielmehr nur die Aussage in Beziehung zum Subjekt.[008] – Soll bedeuten: Wenn es zum Beispiel heißt, »das Dach ist rot«, so verknüpft (verbindet) das »ist« die Eigenschaft »rot« mit dem »Dach«, sagt darüber hinaus jedoch nichts aus (etwa, dass es dieses Dach wirklich gebe).

II.3

Denken ohne Einhorn. — Jener Fehler, Existenz für das Subjekt einer Aussage zu reklamieren, anstatt sie, wie es logisch richtig klingt, nur für das Objekt gelten zu lassen, fährt Carnap fort, sei Descartes sodann vor allem im Übergang von:

008 Carnap zitiert hier Immanuel Kant, *Kritik der reinen Vernunft* (1871), B 626f, den ersten der folgenden Sätze: »Sein ist offenbar kein reales Prädikat, d. i. ein Begriff von irgend etwas, was zu dem Begriffe eines Dinges hinzukommen könn[t]e. Es ist bloß die Position eines Dinges, oder gewisser Bestimmungen an sich selbst. Im logischen Gebrauche ist es lediglich die Copula eines Urteils. Der Satz: *Gott ist allmächtig*, enthält zwei Begriffe, die ihre Objekte haben: Gott und Allmacht; das Wörtchen: ist, ist nicht noch ein Prädikat obenein, sondern nur das, was das Prädikat *beziehungsweise* aufs Subjekt setzt. Nehme ich nun das Subjekt (Gott) mit allen seinen Prädikaten (worunter auch die Allmacht gehört) zusammen, und sage: *Gott ist*, oder es ist ein Gott, so setze ich kein neues Prädikat zum Begriffe von Gott, sondern nur das Subjekt an sich selbst mit allen seinen Prädikaten, und zwar den *Gegenstand* in Beziehung auf meinen *Begriff*. Beide müssen genau einerlei enthalten, und es kann daher zu dem Begriffe, der bloß die Möglichkeit ausdrückt, darum, daß ich dessen Gegenstand als schlechthin gegeben (durch den Ausdruck: er ist) denke, nichts weiter hinzukommen. Und so enthält das Wirkliche nichts mehr als das bloß Mögliche. Hundert wirkliche

»*ich denke*« zu: »*ich existiere*« unterlaufen. Wolle man daraus, dass man einem Subjekt eine Eigenschaft als Objekt zuschreibt, ableiten, dass etwas existiere, gelte dieser Existenznachweis bloß bezogen auf das die Eigenschaft tragende Objekt, nicht aber bezogen auf das Subjekt. Aus: »ich bin ein Europäer« sei nicht zu folgern: »ich existiere«, vielmehr: »es existiert ein Europäer«. – Dieser Schluss Carnaps geht übrigens gründlich daneben. Aus: »ich bin ein **Einhorn**« ergibt sich ja keineswegs, dass Einhörner existierten (aber nicht *ich*); hieraus ergibt sich, dass ich *annehme*, es existierten Einhörner (und in solcher Aussage ist *mir* meine Existenz bereits gewiss). – Wie dem auch sei, Carnap behauptet nun, aus: »*ich denke*« solle man entgegen der Überlegung von Descartes nicht auf: »*ich bin*« schließen, vielmehr nur auf: »es gibt etwas Denkendes«.[009]

II.4

Das Organ. — Wenn Carnap genau gelesen hätte, hätte er gewusst, dass genau dies: »es gibt etwas Denkendes« wortwörtlich der Formulierung von Descartes entspricht – »*res cogitans*«, ein Denkender oder eben »etwas Denkendes«,

Taler enthalten nicht das mindeste mehr, als hundert mögliche. Denn, da diese den Begriff, jene aber den Gegenstand und dessen Position an sich selbst bedeuten, so würde, im Fall dieser mehr enthielte als jener, mein Begriff nicht den ganzen Gegenstand ausdrücken, und also auch nicht der angemessene Begriff von ihm sein. Aber in meinem Vermögenszustande ist mehr bei hundert wirklichen Talern, als bei dem bloßen Begriffe derselben, (d. i. ihrer Möglichkeit). Denn der Gegenstand ist bei der Wirklichkeit nicht bloß in meinem Begriffe analytisch enthalten, sondern kommt zu meinem Begriffe (der eine Bestimmung meines Zustandes ist) synthetisch hinzu, ohne daß durch dieses Sein außerhalb meinem Begriffe diese gedachten hundert Taler selbst im mindesten vermehrt werden. Wenn ich also ein Ding, durch welche und wie viel Prädikate ich will, (selbst in der durchgängigen Bestimmung) denke, so kommt dadurch, daß ich noch hinzusetze, dieses Ding *ist*, nicht das mindeste zu dem Dinge hinzu.« (Das »können« im ersten Satz müss[t]e, meiner Lesart nach, im Irrealis stehen.)
009 Rudolf Carnap, *Überwindung der Metaphysik durch logische Analyse der Sprache*, in: Erkenntnis, Bd. 2, 1931, S. 233f.

ein »denkender Gegenstand«, ein »denkendes Objekt«, eine »denkende Materie«, eine »denkende Sache«, eine »denkende Substanz«: ein Etwas als *Träger* des Denkens, welches das Denken als Organ *ausführt.* Die Subjekthaftigkeit dieses Denkenden muss nun gar nicht erst bewiesen werden, sie ist im Begriff des Denkens als einer Tätigkeit bereits gegeben: **Existenz vor Essenz.**

II.5
Tätigkeit mit Einhorn. — Das Argument Kants, auf das Carnap in seiner Kritik an Descartes zurückgreift, richtet sich gegen den »ontologischen« Gottesbeweis (und nicht gegen Descartes): Zugestanden, es sei im Begriff Gottes etwa Allmacht enthalten,[010] so deutet dies, wie Kant überlegt, immer noch nicht drauf hin, dass Gott notgedrungen auch existiere. Aber die Schlussfolgerung von Descartes entbehrt der Struktur jenes ontologischen Gottesbeweises. Denn insofern Allmacht eine erwiesene Tatsache wäre, bewiese diese Tatsache tatsächlich, dass »etwas« die Allmacht *macht* (und dieses »etwas« könnte dann »Gott« genannt werden): Die Allmacht als Tätigkeit bedarf eines Trägers oder ausführenden *Organs* – bedarf des **Subjekt**s. Man müsste für diesen Beweis Gottes aufzeigen, dass Allmacht tatsächlich ausgeübt wird. Oder andersrum: Gott seinerseits könnte den Meditationen von Descartes nach nicht sinnvoll von sich selbst behaupten: »Ich, Gott, bin (existiere) nicht.« Meinhaftigkeit bindet auch Gott.[011] Jener, der es erlebt, dass Gott zu ihm spricht, zweifelt demnach nicht an der Existenz Gottes. Die Existenz

010 Was natürlich nicht der Fall sein muss, es könnte auch eine willkürliche Zuschreibung darstellen.
011 Thomas von Aquin (1224-1274) war's bekanntlich, der deutlich sagte, Gott könne, trotz Allmacht, nicht gegen die Logik verstoßen; was Max Horkheimer (1895-1973) zu einer hämischen Glosse veranlasste, *Kritik der instrumentellen Vernunft* (1947), in ders., Gesammelte Schriften, Bd. 6, Frankfurt/M. 1991, S. 85.

Gottes kann dieser Mensch dann bloß auf dem Wege an-zweifeln, indem er sein Erleben in Frage stellt, also fragt, ob es *wirklich* Gott sei, der zu ihm gesprochen bzw. wer statt-dessen oder *tatsächlich* zu ihm gesprochen habe.

II.6

Wer denkt. — Um Descartes auf die Art in Frage zu stellen, in der Kant den ontologischen Gottesbeweis als logisch un-zureichend zurückweist, müsste Carnap also im Gedanken-experiment davon ausgehen, dass Descartes – oder radikaler noch: Carnap *selbst* – *nicht* denke. Ein solches Gedanken-experiment führt aber ganz augenscheinlich in einen soge-nannten *performativen* Eigenwiderspruch.[012] – Will sagen: In einem solch »performativen Widerspruch« widerspricht ein Sprech- (oder Denk-) Akt dem, was er selber als wahr (al-so logisch *gültig* oder tatsächlich *gegeben*) voraussetzt. Der Inhalt der Aussage steht der Bedingung ihrer Ausführung entgegen. Zum Beispiel das »Paradoxon des Epimenides«: Ein Kreter sage, »alle Kreter sind Lügner«. Als modernes Gerücht lautet ein performativer Eigenwiderspruch, der weithin Zustimmung findet, es gäbe keine Wahrheit.[013] »Ich bin nicht«, stellt einen ebensolchen performativen Eigen-widerspruch dar. – Somit folge ich dem finnischen Logiker Jaakko Hintikka (1929-2015), der interpretiert, der Sinn der Meditationen von Descartes sei eher hierin zu erblicken, einen »performativen Eigenwiderspruch« vermeiden zu wollen, als eine »inferente« (d. i. schlussfolgernde) logische Aussage vorzulegen.[14]

012 Ist der Eigenwiderspruch mit der Einklammerung der Logik auch aus-geklammert? ¿Wer weiß!
013 Dieser performative Eigenwiderspruch ist Ausgangspunkt des noch zu besprechenden »Konstruktivismus«. Die Humorlosigkeit, mit der er seine Wahrheit, dass es keine gäbe, verteidigt, ist Legende.
014 Jaakko Hintikka, *Cogito, ergo sum: Inference or Performance?*, in: Philo-sophical Review, 71. Jg. Nr. 1 (1962).

II.7

Close Encounter of the Third Kind. — Der italienische Logiker Nicola Ciprotti argumentiert neuerdings, in der Fassung von Hintikka sei Descartes' Beweis auch weiterhin logisch mangelhaft: Gesetzt, »Aliens« würden in den Besitz der Descartes'schen »*Meditationen*« gelangen und seien in der Lage, diese zu lesen und zu verstehen, dürften sie aufgrund der dortigen Herleitung schlechterdings nun doch noch nicht auf die Existenz von Descartes schließen.[015] Damit verschiebt sich die Formulierung von: »*ich* denke, also bin *ich*« zu: »*er* denkt, also ist *er*«. Diese Verschiebung ist logisch unzulässig, hinterliegt jedoch meiner Übersicht nach *allen* logischen Einwänden gegen Descartes. Und natürlich: Die Aliens würden aufgrund des Buches gewiss darauf schließen dürfen, dass es *irgendeinen Urheber* desselben gegeben habe, sofern sie es als einen Artefakt erkennen und nicht als ein zufälliges Naturprodukt ansehen.

II.8

Narben der Stimmigkeit. — »Ich bin allmächtig« oder »Ich bin ein Klingone« heißt eben keineswegs, dass es Klingonen oder dass es Allmacht gibt, sondern dass »Ich« ein Esel ist. Mag *mein* Gedächtnis *mich* im Stich lassen, *mein* Ego etwas verdrängen, stimmen die Narben *meines* Körpers *mich* hierauf ein: »Dies *ist* dir widerfahren!«

II.9

Meinhaftigkeit. — Ein fernes Echo von Carnaps inferenzlogischem Einwand klingt bei dem Gestalttherapeuten Peter Philippson an: Das »*Ich denke, also bin ich*« sei ein »Zirkelschluss«,[016] schreibt Philippson, der damit beginne, dass ein

---

015 Nicola Ciprotti, *Hintikka on Descartes's Cogito*, in: »Nordicum-Mediterraneum«, 4. Jg. Nr. 1 (2009), S. 5.
016 & natürlich ... in Descartes' Gedankenexperiment kann auch »Zirkel-

Handelndes (ein »Ich«) angenommen werde, das denkt oder zweifelt, und diese Annahme dann benutze, um das Dasein des Handelnden zu beweisen.[017] Nun sagt aber auch Philippson von sich, dass *er* an Descartes zweifle, weder dass es irgendein *Andrer* tue, noch dass er es *nicht* tue.[018] Vom Ich wird nicht »angenommen«, dass es etwas von ihm »Getrenntes« oder »Losgelöstes« tue, sein Tun SELBST ist vielmehr bereits seine Existenz. Das bedeutet: Auch Philippsons Einwand gegen Descartes beruht auf der Projektion, dass das Ich ein *beliebiges* X in einer logischen Gleichung sei.

Der eigentliche Einwand von Philippson scheint mir eine allerdings eher *psychologische* (und weniger logische) Natur zu haben: Die Erfahrung, ein »Ich« zu sein, stehe zeitlich-psychologisch nicht an erster Stelle.[019] Aber die Behauptung, die Ich-Erfahrung sei *zeitlich* die erste, wird in Descartes' Argument mit keiner Silbe aufgestellt. Die Ich-Erfahrung ist es vielmehr, die als *einzige* einer langen Kette von Zweifeln standhält; damit verortet Descartes sie *zeitlich* spät, stellt sie bloß *logisch* an den Beginn.

II.10

Enttäuschung. — Die Offenkundigkeit, dass, wenn *ich* irgend eine Aussage mache, wie irrig sie auch sein mag, darin die Bestätigung *meiner* Existenz unausweichlich eingeschlossen ist, formulierte bereits **Augustinus** (354-430), der Kirchenvater:

schluss« als Gegenargument nicht gelten, weil es die Gültigkeit der Logik voraussetzt. Sie aber sei, Husserl sei Dank, eingeklammert!

017 Peter Philippson, *Self in Relation*, Gouldsboro 2001, auf S. 3: »›I think therefore I am.‹ Unfortunately, this is a circular piece of reasoning, starting off with the assumption that there is an agent (›I‹) to do the thinking or doubting and then using that assumption to prove the agent's existence.« (Vgl. ähnlich auch S. 20.)

018 Ebd., S. 24/26: »I can predict when my hand will move more than when someone else's hand will. [...] [S]elf is [not] unreal or illusory.«

019 Ebd., S. 26: »The contact boundary between a human body and its environment is the interaction from which self emerges, yet I turn this round and claim the body as my own.«

Sogar wenn ich mich täusche, bin ich. Wer nicht existiert, kann sich – natürlich – auch nicht täuschen. Demzufolge bin ich, *existiere ich*, indem ich mich täusche. Mithin existiere ich, auch und gerade während ich mich täusche; deswegen kann ich mich nachgerade nicht darüber täuschen, vorhanden oder da zu sein, denn die eigene Existenz wird *mir* genau dann zur Gewissheit, wenn ich mich täusche.[020] Sofern ich mich also täusche, muss ich mich gleichwohl als Seiend annehmen, um mich überhaupt täuschen zu können. Demnach täusche ich mich über jeden Zweifel erhaben *nicht* in dem Bewusstsein, dass ich *bin*. Folglich täusche ich mich ebenfalls hierin nicht, dass ich um mein (Selbst-) Bewusstsein weiß. Indem ich weiß, dass ich bin, weiß ich auch, dass ich um *mein* Wissen weiß.[021] Keiner der Angreifer auf Descartes[022] hat je vermocht, einen Zweifel am eigenen Sein auch nur zu formulieren. Wer den Satz: »*Ich bin nicht!*« – oder, wie Edgar Allan Poes fiktiver Patient, Herr Waldemar: »*Ich bin tot!*« – spräche, könnte schwerlich für voll genommen werden. Er würde wahnhaft klingen: Ihm fehlt die Meinhaftigkeit.

II.11

Sinnfälligkeit. — Enthalte ich mich jeden Glaubens an jede Erfahrung, meditiert Husserl, der große Logiker, als ob das Sein der »Erfahrungswelt« keine Geltung für mich habe, so

020 Wir werden, weiter unten, sehen, wie zentral die *Enttäuschung* in der Phänomenologie Husserls für die Erfahrung der Realität der Wirklichkeit steht. Vgl. These VII *sowie* in Cornelias Beitrag, S. 26f.
021 Aurelius Augustinus von Hippo, *Der Gottesstaat* (413-426), XI, 26. »Si [...] fallor, sum. Nam qui non est, utique nec falli potest: ac per hoc sum, si fallor. Quia sum ergo, si fallor, quomodo esse me fallor, quando certum est me esse, si fallor? Quia igitur essem qui fallerer, etiamsi fallerer, procul dubio in eo, quod me noui esse, non fallor. Consequens est autem, ut etiam in eo, quod me noui nosse, non fallar. Sicut enim noui esse me, ita noui etiam hoc ipsum, nosse me.«
022 Mit Augustinus hat man sich, in dieser Hinsicht, meines Wissens nur selten auseinandergesetzt. Er wird vermutlich philosophisch nicht ernst genommen; was ein Fehler ist.

ist in diesem Gedanken doch bereits ein »Mich« enthalten »mitsamt dem ganzen Strom des erfahrenden Lebens«. Und zwar ist das »Mich« für mich beständig da: existiert das Mich; beständig ist dieses Mich nach einem »Gegenwartsfeld« *wahrnehmbar* und *bewusst*. Die einleuchtende Zweifellosigkeit und Augenscheinlichkeit (»Evidenz«) des *»Ich bin«* zu leugnen, sei anders nicht möglich, als dass »man äußerlich argumentierend über sie« hinwegrede. Der »grammatische Sinn des Satzes ›*ego cogito*‹ [ich denke]« drücke »die lebendige Selbstgegenwart« aus.[023] Einen solch phänomenologischen Ton, der die »Meinhaftigkeit« zum Ausdruck bringt, findet man bei Augustinus sinnfälliger bereits als bei Descartes angeschlagen: **Credo** *unlimited*.

III
Alles Vorgegebene umstürzen: Fröhliches Konstruieren und Projizieren. — Das Problem von Descartes liegt nicht in einem logisch lückenhaften Ausgangspunkt, der vielmehr *evident* ist, sondern darin, wie es dann weitergeht: *wie das da-seiende (existente) denkende Etwas mit der Außenwelt, der Realität, der Wirklichkeit in* **Kontakt** *trete*.[024]
Die Grundfesten der »lebendigen Selbstgegenwart« fordert David Hume (1711-1776) noch weitergehend heraus, als es Descartes tat. Mit welch einer Begründung lasse es sich denn

023 Edmund Husserl, *Cartesianische Meditationen*, a. a. O., S. 59, S. 62.
024 Wirklichkeit vs. Realität? Der Begriff »Wirklichkeit« ist von Meister Eckhardt (1260-1328) geprägt worden. Er soll die Starre und Passivität des scholastischen Wahrheitsbegriffs seiner Zeit überwinden und das Prozesshafte des Zur-Wahrheit-Bringens durchs Wirken, durchs tätige Handeln betonen. Allerdings ist dies kein gedanklicher Bruch zur philosophischen Tradition, denn in Aristoteles' Konzeption der Wechselbeziehung zwischen Potenzialität (Möglichkeit) und Aktualität (Wirklichkeit; auch: Verwirklichung) ist der Gedanke bereits enthalten, wenn er für den Prozess auch noch kein so prägnantes Wort hatte. Der Begriff »Realität« entwickelt sich aus lateinisch »realis«, sachlich, wesentlich, zu lateinisch »res«, Sache, Ding. »Realisieren« und »Realität« kommen (im Gegensatz zu »Verwirklichen« und »Wirklichkeit«) erst im 18. Jahrhundert auf. Beim Lesen von

überhaupt beweisen, fragt Hume skeptisch, dass die »Auffassungen des Geistes« durch »äußere Gegenstände« verursacht sein müssen? Dass diese »äußeren Gegenstände« unabhängig von den »Auffassungen des Geistes« seien? Dass diese »äußeren Gegenstände« nicht aus der Energie des Geistes selber entspringen können? Oder von irgend einem »unsichtbaren oder unbekannten Geist« eingegeben werden? Über diese Möglichkeiten der Quelle für die *scheinbar* äußeren Gegenstände hinaus bietet Hume uns »eine uns noch weniger [*sic*] bekannte Ursache« an. Hume scheint es augenscheinlich zu sein, dass ein »natürlicher Instinkt« oder eine »Voreingenommenheit« die Menschen dazu antreibe, »Vertrauen in ihre Sinne« zu setzen. Ganz losgelöst von der Vernunft setzen die Menschen laut Hume immer schon eine Außenwelt voraus, die nicht an die eigene Wahrnehmung gebunden sei, vielmehr auch dann noch existieren würde, wenn's sie als wahrnehmende Wesen nicht gäbe.

Obgleich man sich kaum eine radikalere Skepsis als die des Hume vorstellen kann, hegt aber er keinerlei Sympathie für den cartesianische Zweifel,[025] der auch noch die Logik »ein-

Übersetzungen aus dem Englischen ist zu bedenken, dass »Wirklichkeit« dort stets »reality« zum Ursprung hat. Die im Begriff »Wirklichkeit« enthaltene Betonung des Prozesshaften gilt nur fürs Deutsche.
025 David Hume, *An Enquiry Concerning Human Understanding* (1748), übersetzt von Raoul Richter (1907), Hamburg 1973, S. 179 | S. 177 | S. 176 (die Reihung der Argumente erfolgt bei Hume also genau umgekehrt). Im Original: »By what argument can it be proved, that the perceptions of the mind must be caused by external objects, entirely different from them, though resembling them (if that be possible) and could not arise either from the energy of the mind itself, or from the suggestion of some invisible and unknown spirit, or from some other cause still more unknown to us? | It seems evident, that men are carried, by a natural instinct or prepossession, to repose faith in their senses; and that, without any reasoning, or even almost before the use of reason, we always suppose an external universe, which depends not on our perception, but would exist, though we and every sensible creature were absent or annihilated. | The Cartesian doubt, therefore, were it ever possible to be attained by any human creature (as it plainly is not) would be entirely incurable; and no reasoning could ever bring us to a state of assurance and conviction upon any subject.«

klammert«; denn wäre ein solch umfassender Zweifel wie
der von Descartes – und später Husserl – geforderte »einem
menschlichen Wesen zu erreichen möglich (was er ersicht-
lich nicht ist), würde er vollkommen unheilbar sein; keine
Vernunfttätigkeit könnte uns je einen Zustand der Sicherheit und Überzeugung über irgend einen Gegenstand ver-
schaffen«. Hume formuliert einerseits zwar die radikalst
mögliche Skepsis, erklärt sie zugleich andererseits aber für
unmöglich und unerreichbar. Aber auch der Zustand der
naiven Sicherheit und Überzeugung ohne ein vernünftiges
Infragestellen scheint ungesund zu sein: »Die fahrenden
Ritter, welche umherzogen, um die Welt von Drachen und
Riesen zu säubern, hegten nie den geringsten Zweifel an der
Existenz dieser Ungeheuer.«[026]
Eine gute Dosis Phänomenologie verspricht hier Abhilfe:[027]
Worte – und weitere Zeichen – stellen *Akte der Bezeichnung*,
d. h. »Signifikationen«, dar, die »über sich hinausweisen«;

026 Ebd., S. 175. »The knights-errant, who wandered about to clear the
world of dragons and giants, never entertained the least doubt with regard
to the existence of these monsters.« Was will der Künstler uns damit sagen?
Wir sollen nicht an die mächtige Lüge glauben, die Descartes beunruhigte?
027 Emmanuel Levinas, *Théorie de l'intuition dans la phénoménologie de
Husserl*, (1930), Paris 2010, S. 110f & S. 112: »Les actes significatifs eux-
mêmes ne se composent pas seulement de *qualité et de matière*. ›Une signification n'est possible que si une intuition est revêtue d'une nouvelle *essence
intentionnelle* grâce à laquelle l'objet de l'intuition ... renvoie hors de lui
(über sich hinausweist), à la manière d'un signe.‹ Ainsi, par exemple, la perception du son verbal, dans la conservation, fournit à la signification du
mot une attache intuitive. Une intuition est donc requise pour qu'une signification puisse avoir lieu. Mais c'est comme Husserl le précise tout de suite,
uniquement un ›contenu intuitif‹ sensible qui est requis, et not pas un acte
entier. Et le même ›contenu intuitif‹, qui sert de base à la signification, peut
en même temps servir de Fülle à un acte intuitif. Ce contenu intuitif, ce re-
présentant, comme Husserl l'appelle, peut donc accomplir une fonction significative aussi bien qu'intuitive. Où réside cependant la différence qui les
sépare? [...] Les deux actes peuvent [...], pour ainsi dire, se couvrir, et l'objet,
qui n'était que visé dans la signification vide, devient *vu* dans l'intuition;
l'intention significative et vide se remplit, en quelques façon, et Husserl
parle ici du phénomène de l'*Erfüllung*, que nous traduirons par le terme de
réalisation.«

will sagen, es **ist** ihre *Absicht* – »Intention« –, *etwas* zu bezeichnen. »Die Wahrnehmung des Klangs eines Wortes während einer Unterhaltung zum Beispiel stellt das mit dem Wort Bezeichnete mittels einer intuitiven Verbindung her. Um etwas zu bezeichnen, ist darum **Intuition** erforderlich.« Der Akt der Bezeichnung, der auf etwas in der Welt außerhalb des Denkbinnenraums hinausweist, »erfüllt« oder »verwirklicht« (realisiert) sich, falls – *bloß* falls – *intuitiv* die Verbindung zwischen der Welt und eigenem Denken-Fühlen hergestellt werden kann.

IV

Das »Nicht-Ich« als Künstler. — Die Skepsis des David Hume mag begrenzt gewesen sein, sodass er seinen eigenen geringer veranschlagte als den »unheilbaren« Zweifel von Descartes, vor einer »Dekonstruktion« des Ichs jedenfalls macht er keinen Halt: Es gebe »einige Philosophen«, erklärt Hume seinen Lesern, die sich »einbildeten« (!), wir seien uns dessen, was wir unser *Ich* nennen, jeden Augenblick auf das unmittelbarste bewusst. Wir »fühlten« die Existenz und die Dauer des Ich und erklärten es sowohl zur vollkommenen Identität als auch zu einer »Einfachheit«. »Unglücklicherweise«, höhnt Hume nach diesem knappen und tendenziösen Referat des philosophischen Rationalismus im Anschluss an Descartes, befinden alle diese mit so großer Selbstgewissheit vorgetragenen Behauptungen sich »im Widerspruch mit eben der Erfahrung, die zu ihren Gunsten angeführt« werde. Wir haben keine Vorstellung eines *Ichs*, welche jenen Erklärungen entspräche. Aus was für einem Eindruck vermag solch eine Vorstellung stammen?, fragt Hume, natürlich suggestiv auf die Antwort: »Keine!« hingerichtet. Alle unsere einzelnen »Perzeptionen«, also Wahrnehmungen, seien verschieden voneinander, unterscheid- und trennbar; will sagen: jeder eigne die Fähigkeit, für sich zu stehen, ohne dass alle übrigen Wahrnehmungen mit ihr zu einer »Synthese«, einer Einheit, geführt werden müssten; keine Wahrnehmung verlange nach einer Synthese, im Gegenteil jede *sollte* jeweils einzeln betrachtet und analysiert werden. Und nun folgt sein entscheidender Satz: Die Wahrnehmungen »brauchen demnach keinen Träger ihrer Existenz« *(have no need of any thing to support their existence).* Niemals treffe er, Hume, sich ohne eine Wahrnehmung an und niemals könne er etwas andres beobachten als eine *einzelne* Wahrnehmung. Wenn eine Zeitlang seine Wahrnehmungen nicht »da« seien, wie während des tiefen Schlafes, so sei er ebensolange *»seiner selbst«* unbewusst. Dann habe man ein »Recht« zu sagen, dass das *»Ich«* nicht existiere.[028]

Immerhin sagte nun wohl SELBST Hume, »ich schlafe« und nicht »es schläft«; sogar die entfremdete (und künstlich-unübliche) Form von »mein Körper schläft« enthält die lebendige Selbstgegenwart – die *Meinhaftigkeit* – durch das Personalpronomen »mein« aufrecht, denn es ist ja nicht der Körper eines *Andren*, der hier bezeichnet werden soll. ¿Und die Wahrnehmungen »brauchen keinen Träger ihrer Existenz«? Humes Wahrnehmung *seiner* Enttäuschung über den Misserfolg *seines* philosophischen Erstlings – »*Traktat*

028 David Hume, *Ein Traktat über die menschliche Natur* (1740), übersetzt von Theodor Lipps (1904), Hamburg 1973, S. 325ff. »There are some philosophers, who imagine we are every moment intimately conscious of what we call our Self; that we feel its existence and its continuance in existence; and are certain [...] both of its perfect identity and simplicity. [...] Unluckily all these positive assertions are contrary to that very experience, which is pleaded for them, nor have we any idea of self, after the manner it is here explain'd. For from what impression cou'd this idea be deriv'd? [...] All these [perceptions] are different, and distinguishable, and separable from each other, and *have no need of any thing to support their existence.* [...] I never can catch myself at any time without a perception, and never can observe any thing but the perception. When my perceptions are remov'd for any time, as by sound sleep; so long am I insensible of myself, and may truly be said not to exist.« (Hervorhebung von mir.)

über die menschliche Natur« (1740) –, ausgedrückt in *seiner* autobiografischen Skizze am Ende *seines* Lebens, bedurfte nicht nur *irgendeines* Trägers ihrer Existenz, war vielmehr sicherlich bloß *diesem* Selbst möglich, das David Hume war. Jedes sinnvolle Gespräch (jedes Niederschreiben eines sinnvollen Satzes), mehr noch: jede Wahrnehmung »visiert«[029] einen Gegenstand an. Dieses »Anvisieren«, Sehen, *bedarf eines Trägers, eines Akteurs*, eines **Subjekt**s, da sonst nichts dergleichen passieren könnte. Wir werden noch hören, wie Judith Butler, die in der Folge von Michel Foucault (1926-1984) das Subjekt meint »dekonstruieren« zu sollen, von »ihrer« Meinung und »ihren« Thesen spricht.[030]

Husserl steht etwas ratlos vor dem Wortlaut, in welchen die Philosophie Humes gekleidet daher spazieren kommt. Eine Wissenschaft, die »beweisen« wolle, dass die ganze Welt, eingeschlossen die Menschen, ihre Seelen, ihre Persönlichkeiten und ihre Sozialverbände nichts seien als Fiktionen, sagte er in einer Vorlesung 1923, könne keine Wissenschaft des Menschen in einem »gewöhnlichen Sinne« sein, keine Wissenschaft, welche die »Erfahrungswirklichkeit« von Menschen – oder eben: die »lebendige Selbstgegenwart« – voraussetzt. Einen solchen »Unsinn« dürfe einem Hume nicht unterstellt werden, meint Husserl, und er liege auch gar nicht dessen Werk zugrunde. Vielmehr mache Hume den »ersten Entwurf einer reinen Phänomenologie«, den »ersten systematischen Versuch einer Wissenschaft von den reinen Bewusstseinsgegebenheiten«.[031] Er »wandelt, wenn

029 Emmanuel Levinas, *Théorie de l'intuition dans la phénoménologie de Husserl*, a. a. O., S. 102: »Nous pouvons retenir cette caractéristique de l'acte significatif: on ne voit pas l'objet, on ne l'atteint pas, on le vise. Du reste, l'acte significatif est le fait de la conversation courante. Dans la mesure, par exemple, où nous n'avons pas d'image ou de perception, c'est à ce simple acte de viser l'objet que nous nous bornons, pour autant que nous comprenons ce que l'on nous dit et ce que nous disons nous-mêmes.«
030 Vgl. unten, These IX.
031 Edmund Husserl, *Erste Philosophie* (1924), Husserliana, Bd. 7, S. 156f.

auch mit halb verbundenen Augen, auf richtigen Wegen«, wie Husserl sich in der Vorbereitung auf eine Vorlesung notierte.[032] Husserl sieht den »genial inkonsequenten«[033] Skeptiker Hume als einen »bildenden **Künstler**, der, um eine ästhetische Wirkung zu erzielen, absichtlich Verzeichnungen« vornehme und hält genau darum seine Schriften eines eingehenden Studiums für würdig: In fast allen Ausführungen Humes findet er, Husserl, »phänomenologische Zusammenhänge« dargestellt, wenn auch »naturalistisch missdeutetet«.[034]

V

Ist's Wahnsinn auch, so hat er doch Methode.[035] — Verständlich wird, dass dieser Künstler oder *Provokateur* Hume den in einer versteinerten Spätscholastik[036] ausgebildeten Immanuel Kant (1724-1804) aus seinem »dogmatischen Schlummer« weckte: »Ich gestehe frei: die Erinnerung des David Hume war eben dasjenige, was mir vor vielen Jahren zuerst den dogmatischen Schlummer unterbrach und meinen Untersuchungen im Felde der spekulativen Philosophie eine ganz andere Richtung gab.«[037] Statt des um sich SELBST kreisenden Gedankens, ausgestattet mit der Autorität und mit dem Muff von 1000 Jahren, sollte die Perzeption, der Sinneseindruck, die Wahrnehmung gelten.

032 *Husserliana*, Bd. 7, S. 352. In den *Ideen* (1913, S. 118) spricht Husserl von den »geblendeten Augen« Humes.
033 Dokumentiert in: *Husserlinana*, Bd. 7, S. 347.
034 Edmund Husserl, *Erste Philosophie*, a. a. O., S. 181.
035 William Shakespeare, *Hamlet*, 1603. »Though this be madness, yet there is method in 't.«
036 Dass die Scholastik in ihren Anfängen bei Peter Abaelard (1079-1142) und in ihrer Hochform bei Thomas von Aquin (1224-1274) alles andere als versteinert war, sondern bewegliches, gar revolutionäres Denken, steht auf einem anderen Blatt. Vgl. Stefan Blankertz, *Thomas v. Aquin: Die Nahrung der Seele*, Berlin ²2015.
037 Immanuel Kant, *Prolegomena zu einer jeden künftigen Metaphysik, die als Wissenschaft wird auftreten können* (1783), Vorrede.

Jedoch irrte Hume, so Kant, darin, dass »er sich seine Aufgabe nicht im Ganzen vorstellte«, mithin »ohne das Ganze in Betracht zu ziehen«.[038] Was fehlte, war Humes Reflexion auf *sein eigenes Tun* als ein (gemäßigt) zweifelnder Philosoph. Nichts von jenem, das Hume an Überlegungen und Argumenten vorgetragen hatte, entsprang einer »Perzeption«, einer Wahrnehmung, einem Sinneseindruck. Hume wandte Logik an, setzte Formen der Anschauung voraus und bildete Kategorien *»out of thin air«*, sozusagen. Dass alle unsere Erkenntnis mit der Erfahrung »anfange«, hieran bestehe gar kein Zweifel, fasst Kant das Ergebnis seiner Überlegungen zusammen; obgleich aber alle unsere Erkenntnis (zeitlich-psychologisch gesehen) *mit* der Erfahrung anhebe, entspringe (logisch-systematisch gesehen) gleichwohl nicht alle Erkenntnis *aus* der Erfahrung.[039]

Husserl lehnt eng an Kant sich an, wenn er eine »immanente Erkenntnispsychologie« anmahnt, welche die Erkenntnis theoretisch aufklären wolle: eine Beschreibung all dessen, was die Erkenntnisleistung *voraussetzt* und *geltend* macht. Aber hiervon sei bei Hume nichts zu hören, beklagt Husserl, vielmehr sei alles »roh nivelliert in der Rede von Impression und Idee und in der Forderung, für alle Ideen entsprechende Impressionen nachzuweisen«, weil Humes »eindrucksvoll scheinklare« Beschreibung der Erkenntnisleistung nicht unterscheiden kann zwischen »bloßer Meinung« und eben echter Erkenntnisleistung.[040]

Und auch das Ich lässt Kant sich nicht (um es unhistorisch zu formulieren:) dekonstruieren. Das *»Ich denke«*, müsse alle meine Vorstellungen begleiten können. Andernfalls würde ich mir etwas vorstellen, was ganz und gar nicht möglich sei; will sagen, dass solche Vorstellung entweder *an sich* oder zu-

---

038 Ebd.
039 Immanuel Kant, *Kritik der reinen Vernunft* (1787), Einleitung I.
040 Edmund Husserl, *Erste Philosophie*, a. a. O., S. 160f.

mindest *für mich* undenkbar wäre.⁰⁴¹ Schließlich macht es
einen Unterschied, ob Mr Hume etwas denkt, SELBST falls
er eine frühere Meinung revidiert, als wenn Mᶜ Descartes etwas denkt, Hr. Husserl, M. Derrida, Ms Butler ...

Nach Descartes und Hume *macht* Kant den nächsten Schritt
auf dem Weg zur Phänomenologie, indem er das reflexive,
auf sich selbst rückbezügliche Denken (= Selbsterkenntnis)
von der Intention (Absicht) und von demjenigen, das die Erkenntnis der Welt *beabsichtigt*, unterscheidet, aufklärt sowie
miteinander versöhnt und in Einklang miteinander bringt.
Das »reine Denken«,⁰⁴² leer, ohne einen Welt-Gegenstand
außerhalb seiner SELBST, hat die gleiche Absicht wie der
»Kontakt mit der Wirklichkeit«, denn es visiert (Selbst-)
Erkenntnis an, nicht hingegen die »Gegenwärtigung von
Dingen«. Drum mag's so *scheinen* – erfahren werden –, dass
ein solch reines Denken das Dasein der Welt negiere oder
seines entbehren könne. Dennoch spielt es sich, weil es eines
lebendigen *Trägers* für seine Tätigkeit, eines *Subjekts* bedarf,
»auf der gleichen Ebene des Lebens wie das Leben in der
Gegenwart des Seins« ab.

Husserl-Levinas erneuern das revolutionäre Programm von
Descartes: Eine Welt *für* mich (nicht umgekehrt).

041 Immanuel Kant, *Kritik der reinen Vernunft*, I., zweiter Teil, erste Ab-
teilung, zweites Hauptstück, zweiter Abschnitt, § 16: »Von der ursprüng-
lich-synthetischen Einheit der Apperzeption«.
042 Emmanuel Levinas, *Théorie de l'intuition dans la phénoménologie de
Husserl*, a. a. O., S. 105: »La différence entre la pure pensée et le contact
avec le réel n'est pas dans leur objets, et le problème de leur correspondance
est factice. L'intuition s'empare du même objet que celui que vise l'acte
significatif. La différence ne concerne pas l'objet, mais son mode d'être
donné, d'être vécu. La pure pensée est un mode de vie du même degré que
la vie en présence de l'être. Dans l'intentionalité* significative, la conscience
se transcende dans la même mesure qu'elle le fait dans la ›présence devant
les chose‹. Le contact avec le réel, qui garantit la vérité de l'acte significatif,
n'est pas un intentionalité nouvelle qui aurait à transcender la sphère d'une
soi-disant intentionalité immanente de la pure pensée.« (* Üblich ist die
Schreibweise »intentionnalité«. Levinas schreibt den Begriff durchgängig
mit nur einem *n*.)

57

VI

Das Ärgernis des »Dings an sich«. — Die denkende Substanz von Descartes, ausgestattet immerhin mit einem Ich-Bewusstsein, kommt nicht in **Kontakt** mit der Außenwelt, da diese von völlig anderer Struktur sei als jenes. Die Wahrnehmungen von Hume, vereinzelt und nur mittels Illusion zu einem behelfsmäßigen Bündel zusammengefasst, das in dem Wahn lebt, ein »Ich« zu sein, können niemals wissen, ob sie *etwas* wahrnehmen oder es sich wahnhaft bloß vorstellen. Kant erklärt die Voraussetzung, dass es ein Ich gebe, das *etwas* wahrnehme, zu einer Notwendigkeit der Vernunft, die ihrerseits jedoch tatsächlich nicht sicherstellen kann, *ob* es eine Außenwelt gebe und *dass* diese objektive Außenwelt den subjektiven Wahrnehmungen entspreche. Das »Etwas« nennt er »Ding an sich«. Es müsse »da« sein, weil es denknotwendig *ist*. Eine wenig befriedigende Auskunft, kaum befriedigender als der müde Pragmatismus von Hume, mit dem dieser die eigene radikale Skepsis beruhigen zu können meint. Der deutsche Idealismus nun entsorgt jenes »Ding an sich«, indem er Descartes' »*Ich denke, ich bin*« zu der Formel »*Ich denke, wie es sei*« ins unendliche All ausdehnt: Das Subjekt als einziges Dasein projiziere und konstruiere die Wirklichkeit.[043] Der angelsächsische naive Realismus folgt weiter Humes Grundsatz, nichts zähle denn die Wahrnehmung, entsorgt aber seine Skepsis, ob die Wahrnehmung *etwas* wahrnehme, und wenn sie *etwas* wahrnimmt, ob sie es angemessen tue.[044]

Konstruktivistischer Idealismus und naiver Realismus liegen beide falsch. Emmanuel Levinas bringt mit seiner außergewöhnlichen Dissertation von 1930, *Théorie de l'intuition*

043 Vgl. Johann Gottlieb Fichte (1762-1814), *Erste Einleitung in die Wissenschaftslehre* (1797), in: ders., *Erste und zweite Einleitung in die Wissenschaftslehre*, Hamburg 1961.
044 Vgl. George E. Moore (1873-1958), *Beweis einer Außenwelt* (1939), in: ders., *Verteidigung des Common Sense*, Frankfurt/M. 1969.

dans la phénoménologie de Husserl, vielmehr eine Alternative ins Spiel:[045] Kant hatte, hier Hume folgend, die Welt zu einer Handvoll unzusammenhängend wahrgenommener Eigenschaften von – vermuteten, vorausgesetzten – Gegenständen erklärt und deren Zusammenfügung (»Synthese«) zu einer sinnhaften Welt über Hume hinausgehend einzig der Tätigkeit, einem »spontanen« Akt des Verstandes zugeschrieben. Der Ursprung der Gegenstände sei in Bewusstseinsakten zu suchen. Husserl dagegen erstattet den Gegenständen ihren Zusammenhang, ihre Würde, ihre *Dignität* zurück, alles das, was der Idealismus *vor* ihm und der Konstruktivismus *nach* ihm ihnen abgesprochen haben (und was der naive Realismus nicht retten konnte). Sehen wir zu, wie das geht.

045 Emmanuel Levinas, *Théorie de l'intuition dans la phénoménologie de Husserl*, a. a. O., S. 117f: »C'est ce fait, que les formes catégoriales ne font pas partie du contenu de l'objet, comme la couleur ou l'intensité, qui a fait rechercher leur racine dans les actes de la conscience, et attribues à la seule réflexion sur la conscience leur découverte. Telle est, par exemple, l'interprétation, qu'on a souvent donnée, de la *synthesis* de Kant: dans la multiplicité des données disparates, comprises comme contenus de la conscience, la spontanéité de l'esprit aurait pour fonction de relier ces données les unes aux autres, et un regard de la réflexion nous permettrait de saisir lui-même cet acte de relier. La synthèse ne serait pas, de ce fait, un élément de la sphère objective, mais uniquement un caractère interne de l'acte de la conscience. Husserl s'oppose à pareille conception des formes catégoriales. Elles appartiennent, d'après lui, à la sphère des objets. >De même que le concept d'objet sensible ne peut pas provenir de la réflexion sur la perception ..., de même, la concept de *Sachverhalte* ne peut pas provenir de la réflexion sur le jugement.< >Ce n'est pas dans ces actes, considérés comme objets, mais dans les objets de ces actes, que nous trouvons le fondement de l'abstraction, pour la réalisation de ces concepts.< [...] La forme catégoriale n'est pas un prédicat réel de la chose, ni le résultat de la réflexion sur la conscience. C'est une structure *idéale* de l'objet. Mais il faut la distinguer aussi de *l'essence idéale* de l'objet individuel. Le genre d'un objet n'est pas sa forme. L'essence >couleur< n'est pas la *forme* du rouge et du bleu, mais leur genre. Leur forme serait >quelque chose général<. La forme n'est pas l'objet de généralité supérieure, par rapport auquel tous les genres supérieurs ne seraient eux-mêmes que des espèces: elle transcende la généralité. Les >catégories ne se trouvent pas, dans les singularisations matérielles, de la même manière que le *rouge en général* dans les différentes nuances du rouge, ou, comme la couleur, dans le rouge et le bleu.<«.

VII

Ihr Auftritt, Ed Husserl. — Vermöge der Intentionalität,[046] der Absicht, sei »der Ausdruck mehr als ein bloßer Wortlaut«, schreibt Husserl in den *»Logischen Untersuchungen«* von 1901: Das Wort bezeichnet *etwas.* Das Wort »meint etwas« und indem das Wort »es« meint, bezieht das Wort sich auf eine Gegenständlichkeit.[047] Das Wort ist ein **Name** für *etwas,* will *etwas* benennen. Zunächst nur leerer Wort*laut,* bloße Meinung, Schall und Rauch, versehen mit der hochfliegenden Absicht, Name eines Gegenstandes zu sein, muss die Anschauung hinzutreten, damit aus der möglichen, d.i. potenziellen, eine aktuelle *Beziehung zwischen Name und Genanntem* wird.

Die Phänomenologie nutzt den von Descartes mit der philosophischen Machete geschlagenen Pfad auf der Suche nach dem Rettungsanker der Zweifellosigkeit in einem Meer des Zweifels und bedient sich Kants weitaus friedlicheren Prinzips einer selbstkritischen Reflexion der Vernunft auf die eigene Tätigkeit: Neben der Zweifellosigkeit des Zweiflers SELBST steht zweifellos fest, dass die Wahrnehmung auch des radikalsten Zweiflers auf *etwas* gerichtet **ist,** dass sie eine Absicht **hat:** Wahrnehmung ist intentional. Spinnen wir Humes Hinweis auf den Schlaf weiter und betrachten den Traum. Auch im Traum mag die Wahrnehmung auf *etwas* gerichtet sein, aber diese Absicht lässt sich nicht *erfüllen.* Der Hungrige, der träumt, dass er etwas isst, wird nicht satt; er erwacht. Nach Sigmund Freuds (1856-1939) – nicht un-

046 Mag es sein, dass die Husserl'sche »Intentionalität« dem zu Frankfurt kritisch gewendeten marxistischen Begriff des »Interesses« entspricht? Ein kühner Gedanke! Immerhin hatte Adorno über Husserl promoviert ...
047 Edmund Husserl, *Logische Untersuchungen* (1901), Band II.1, S. 37. In der Version Emmanuel Levinas', *Théorie de l'intuition dans la phénoménologie de Husserl,* a. a. O., S. 102: »Grâce à cette intentionalité, le mot signifie quelque chose, l'expression est plus qu'un simple son verbal. Elle est pensée de quelque chose (er meint etwas), et, comme telle, se rapporte à l'objet (auf Gegenständliches).«

umstrittener – Traumtheorie gilt es zwar als die Absicht des Traums, es hinauszuzögern, dass der Träumende aufgrund eines unerfüllten Bedürfnisses erwacht, indem jener diesem eine Befriedigung vorgaukelt. Dies gelingt aber nur für eine gewisse Zeit und der Träumende erwacht schließlich doch. »Das Träumen setzt sich Stelle des Handelns wie auch sonst im Leben. Leider ist das Bedürfnis nach Wasser, um den Durst zu löschen, nicht mit einem Traum zu befriedigen.«[048] Umgekehrt sinkt der Hungrige, dem nichts Essbares zur Hand ist, nicht in den Schlaf, um zu hoffen, dass er seinen Hunger dort durch Traum, Halluzination, Projektion stillen könnte. Er mag ihn für eine Weile und bis zu einem gewissen Grade vergessen machen. Das aber ist nicht Erfüllung. Und im wachen Zustand kennen wir die Erfahrung, dass *etwas* sich als etwas völlig Andres herausstellt, als wir es uns vorgestellt, ja als wir es ganz fest geglaubt hatten.

Die Wahrnehmung könne die beabsichtigte Bezeichnung »enttäuschen«, fasst Levinas zusammen und gibt ein nahezu bis zur Banalität einfaches Alltagsbeispiel:[049] Ich denke, das Haus vor mir habe ein rotes Dach; schaue ich auf, stellt sich aber heraus, dass das Dach grün ist. Zwischen dem bezeichneten und dem intuitiv angeschauten Gegenstand gibt

048 Freud. Vgl. Stefan Blankertz, *Die Geburt der Gestalttherapie aus dem Geiste der Psychoanalyse Sigmund Freuds,* Berlin 2016, S. 47f, 68f. Kann es eine Phänomenologie des Traums geben? Immerhin sage ich: *mein* Traum.
049 Emmanuel Levinas, *Théorie de l'intuition dans la phénoménologie de Husserl,* a.a.O., S. 113: »La perception peut ›décevoir‹ (enttäuschen) l'intention significative. J'intentionne, par exemple, ›le toit rouge de cette maison qui est devant moi‹, puis je regarde; il se trouve que le toit est vert. Il y a une discordance (Widerstreit) entre l'objet de la signification et celui de l'intuition, et nous arrivons à la négation de ce qui a été présumé par la pure et simple signification: le toit n'est pas rouge. Cette discordance entre l'objet signifié et l'objet tel qu'il est donné, doit cependant être fondée dans un élément commun. Pour qu'il y ait opposition, il faut qu'il y ait communauté. La ›déception‹ (die Enttäuschung) n'est possible que dans une réalisation partielle. ›Une intention n'est déçue, sous forme de discordance, que si elle fait partie d'une intention qui l'embrasse et qui se réalise dans la partie complémentaire de l'intention déçue.«

es einen Widerstreit (eine »Dissonanz«), und wir kommen zur Verneinung dessen, was in der reinen und einfachen Bezeichnung angenommen wurde: Das Dach ist nicht rot.[050] Die Möglichkeit und die Erfahrung von Überraschung – oder in Husserls Worten: von **Enttäuschung** einer Intention – einerseits und die Möglichkeit und die Erfahrung von »Erfüllung« andererseits kennzeichnen phänomenologisch die Wirklichkeit. Enttäuschung und Erfüllung weisen beide über die konstruierte Wirklichkeit hinaus und müssen darum *intuitiv* genannt werden: Die Intuition löst, *möglicherweise*, die Projektion auf. Möglicherweise: Die Intuition ist *natürlich* nicht unfehlbar. Theodor W. Adorno (1903-1969) formuliert es dialektisch derart: »In den Intuitionen besinnt sich die *ratio* auf das, was sie vergaß.«[051]

Obgleich unser **Kontakt** mit der Wirklichkeit die Struktur der »Stellvertretung« hat, stellt der Akt der Vergegenständlichung einen Gegenstand dar.[052] Zwar können wir es mit rein imaginären Gegenständen zu tun haben oder mit Gegenständen, die »bloß gedacht« werden. Es muss demnach nicht sein, dass der gedachte Gegenstand tatsächlich

050 Bei Husserl (*Logische Untersuchungen*, II.2, Halle 1921, S. 42f) ist das Beispiel weit weniger sinnlich: »Meine ich, A sei rot, während es sich in ›Wahrheit‹ als grün herausstellt, so streitet in diesem sich Herausstellen, d. h. in der Anmessung an die Anschauung, die Rotintention mit der Grünanschauung.«
051 Theodor W. Adorno, *Zur Metakritik der Erkenntnistheorie* …, a. a. O., S. 53. Auch eins dieser *Wunder* an *Denkleistung* und *Klarheit*.
052 Emmanuel Levinas, *Théorie de l'intuition dans la phénoménologie de Husserl*, a. a. O., S. 101: »Seul l'acte objectivant a le privilège de donner l'objet, et [...] notre contact avec le réel a la structure de la représentation. Mais toute représentation ne pose son objet comme existant, avec le même droit. Nous pouvons avoir affaire, en effet, à des objets purement imaginaires, et à d'autres ›seulement pensés‹. La pensée comprise comme jeu mental qui accompagne la compréhension des mots, par exemple, est, elle aussi, une intentionalité: elle tend aussi vers l'objet, qu'elle signifie; mais elle n'a pas affaire pour cela à l'objet existant, et elle n'a pas, par elle-même, le droit de le poser comme tel. Le mode de la conscience ou de la représentation, par lequel nous entrons en contact avec l'être, est un acte d'une structure déterminée et, – disons-le tout de suite, – c'est l'intuition.«

existiert, und Denken kann nicht »aus sich selbst heraus« seinen Gegenstand als existierend darstellen. Die Weise, durch die wir mit dem Sein in Kontakt treten, ist ein Akt mit einer bestimmten Struktur: Intuition.

Wie nun unterscheidet sich der »intuitive Akt, der seinen Gegenstand erreicht«, und der »Akt der Bezeichnung, der nur auf ihn zielt«?[053] Laut Husserl-Levinas ist es kein Unterschied zwischen einer mehr oder weniger großen Klarheit, zwischen einer mehr oder weniger großen Deutlichkeit, zwischen ausgesprochenen oder unausgesprochenen Akten. Die nicht-intuitive Beabsichtigung ist keine verstümmelte oder verkümmerte Version einer vollständig verwirklichten oder »erfüllten« Handlung (so wie eine bloße Skizze oder ein verblasstes Bild zum farbenprächtigen Gemälde steht). Nein, durch Intuition erst aktualisiert (will sagen: realisiert,

053 Ebd., S. 103f: »La différence entre l'acte intuitif, qui atteint son objet, et l'acte significatif, qui le vise seulement, n'est pas une différence de plus ou de moins de clarté, d'actes plus ou moins explicites. L'intentionalité non intuitive n'est pas seulement une allusion implicite à la pensée intuitive, un raccourci de l'acte pleinement réalisé. Ce n'est pas une différence de degré, comme s'il s'agissait d'opposer une esquisse vague, une pâle image à une peinture vivante et parfaite. Dire que l'intuition actualise la pure et simple intention qui vise son objet, c'est dire que c'est dans l'intuition que nous nous rapportons directement à l'objet, que nous l'atteignons. Il y a là toute la différence entre viser quelque chose et l'atteindre. L'intention significative ne possède rien de son objet: elle le pense seulement. – Que l'intention significative ne soit pas une intuition confuse, cela ressort du fait suivant: dirigés, par exemple, sur une proposition mathématique, nous pouvons en comprendre le sens, en analyser les différentes articulations, sans, toutefois, voir avec évidence les relations et les objets idéaux qu'elle exprime. >Rendre clair le concept ... cela put se faire en actes purement significatifs.< Ce n'est donc pas par sa confusion, ni par son obscurité, que l'intention significative se distingue de l'intuition, mais plutôt par son vide [...]. Elle se caractérise comme ayant besoin de cette plénitude (Fülle) qui est le propre de l'intuition. L'intention significative ne fait que pense à l'objet, et l'intuition nous donne quelque chose de l'objet lui-même; alors même que l'intuition n'est pas perceptive, – cas privilégié de l'intuition, – même lorsqu'elle est imagination, elle représente l'objet par analogie. L'intention purement significative, par elle-même, >n'est pas, à proprement parler, une représentation; rien de l'objet n'est vivant en elle.<« Wir können es nicht überbetonen: Die *Erfüllug* und die *Enttäuschung* liegen allzu dicht beieinander.

verwirklicht) sich die schlichte Absicht, einen Gegenstand anzuvisieren. Mit ihr beziehen wir uns auf den Gegenstand direkt, erreichen ihn. Das ist der Unterschied dazwischen, etwas anzuvisieren und es zu erreichen. Der Absicht allein, etwas zu bezeichnen, eignet ihr Gegenstand dagegen noch nicht: sie denkt ihn bloß. Intuition zeichnet sich durch Fülle aus, *Erfüllung*, »gibt uns etwas vom Gegenstand SELBST«. Die Theorie der Gestalttherapie erkenne an, schreibt Peter Philippson, »dass wir die Welt vermittelt durch unsere Wahrnehmung filtern, während sie zugleich kurz vor dem Konstruktivismus« *stoppe.*[054]

VIII

Warum verfolgst du mich? — Die Möglichkeit und die Erfahrung von Enttäuschung – Levinas knapp: Wahrnehmung könne die beabsichtigte Bezeichnung *enttäuschen*[055] – sowie Erfüllung als phänomenologische Gradmesser der Wirklichkeit der Realität, das will uns angesichts des Nächsten sagen: Mache ihn dir weder gleich noch unterwerfe ihn dir: ¡Verfolge ihn nicht!

VIII.2

Der Andre sei ANDERS. & KEIN Spiegel. — Emmanuel Levinas nimmt die Fährte des Andren auf, indem er verschlungenen Pfaden Husserls folgt. Das ist nur konsequent. Indem ich meine Projektion über den Andren lege und sein Dasein zu meiner Konstruktion erkläre, streite ich ihm, mittelbar auch

054 Peter Philippson, *Self in Relation*, a. a. O., S. 11: »Gestalt acknowledges that we filter the world through our perception, and yet stops well short of constructivism.« Genau dieser mittlere Modus ist die Schwierigkeit, der die Gestalttherapie sich gegenüber sieht.
055 »La perception peut ›décevoir‹ (enttäuschen) l'intention significative.« Emmanuel Levinas, *Théorie de l'intuition dans la phénoménologie de Husserl*, a. a. O., S. 113. (Vgl. Fn. 49.) – Theodor W. Adorno, *Zur Metakritik der Erkenntnistheorie*, a. a. O., S. 38: »Das System wird von Erfahrung gefährdet.« Da *lacht* Sir Karl Popper und *murmelt* was von »Falsifikation«.

mir, die Wirklichkeit ab. Sein Antlitz aber fordert mich auf:
»Töte mich nicht.« Schon bei Husserl war die Befremdlich-
keit in der Fremdwahrnehmung ein zentrales Motiv, allerdings verbleibt die Kennzeichnung des Andren als eine
»Spiegelung meiner SELBST«[056] noch im Bereich der Vereinnahmung des Fremden und der Eliminierung des Anders-
seins des Andren. Aber: »Das an sich erste Fremde (das erste
Nicht-Ich) ist das andere Ich.«[057] Den stimmigen Gedanken
an die »Andersheit des Andren« formuliert Levinas im Anschluss *an* und in Radikalisierung *von* Husserl.

VIII.3
Diesseits der Konfluenz? — *»Jenseits!« des Individualismus*,
dies Diktum von dem Gestalttherapeuten Gordon Wheeler
nehme ich als Symptom für den Zeitgeist, der die vermeintlich »neue« Entdeckung, der Mensch stehe in einem Ge-
flecht von Beziehung, in einem »Feld«,[058] und darum seien
»Beziehung« und »Kontakt« so wichtig, zur Behauptung
übersetzt, der »Individualismus« wäre theoretisch veraltet
und praktisch anti-sozial. Die »Vor-Annahmen« von Plato
bis Freud (!), so tönt Wheeler, »dass unsere grundlegende
menschliche Natur darin bestünde, unser eigen Fleisch und
Blut zu zerstören«, entspringen »alle ein und dem gleichen
individualistischen Paradigma«. Dieses individualistische
Paradigma »haben wir zurückgewiesen«, wie Wheeler im
pluralis majestatis deklamiert,[059] zugunsten experimenteller
Höherbewertung des phänomenologischen Ansatzes, um zu

056 Edmund Husserl, *Cartesianische Meditationen*, a. a. O., S. 125.
057 Ebd., S. 137.
058 Zum Begriff des Feldes – *gegen* Holismus, *gegen* Wheeler – vgl. Stefan
Blankertz, *Kurt Lewins Kritik der Ganzheit*, Berlin 2017. Die Ganzheitlich-
keit der Gestalttherapie hat nichts zu tun mit esoterischem Holismus.
059 Gordon Wheeler, *Jenseits des Individualismus: Für ein neues Verständnis
von Selbst, Beziehung und Erfahrung* (2000), Wuppertal 2006, S. 332 f. – Im
Original, S. 377: »Plato's Idealism, Biblical Creationism, Christian original
sin, Leibnitz's mechanism, Existentialist absurdism [sic], Nietzsche's savage

fragen, »wie wir mit unserem gemeinsamen Erfahrungsfeld umgehen, uns in ihm entwickeln und in ihm Sinn stiften«. Dabei liegt doch eins klar auf der Hand: Wenn der Mitbegründer der Gestalttherapie Paul Goodman (1911-1972) davon spricht, das »Selbst« entstehe an der Kontaktgrenze,[060] dann ist *vor* dem Kontakt (vor Überwindung der Grenze), deren *Möglichkeit* als Grenze vorausgesetzt. Ebenso besteht die Grenze *nach* dem Kontakt fort, es entstünde sonst dort kein »Selbst«; ja, *während* des Kontakts muss die Grenze aufrecht erhalten bleiben:[061] In einer homogenen Struktur gibt es keinen Kontakt. Wenn ich in ein halbes Glas Wasser weiteres Wasser gieße, findet kein Kontakt zwischen diesen beiden Wassermengen statt, sondern sie werden eine Menge. Ganz anders, wenn ich auf das Wasser Öl gieße. Eine homogene Struktur kann sich auch nicht nähren, befruchten etc., vielmehr ist hierfür die Existenz des wesentlich Andren *die* Voraussetzung. Auf solchen Begriff eines »wesentlich Andren« wird noch zurückzukommen sein. Konfluenz – in der Begrifflichkeit von Levinas: Kohärenz, das Zusammenkleben, die (Ein-) Stimmigkeit, ja selbst die Denk- und Textkohärenz – jedoch, »Gleichartigkeit« ist stets kontaktlos.

crypto-Darwinism, or Freud's quite similar conviction that our basic human nature is to destroy our own kind (including our own parents and children). All these prior assumptions – all of them flowing from the same individualist paradigm – we have rejected here, in favor of an experimental valuing of the phenomenological approach, to the question of how we deal with, develop in, and make necessary meaning of our shared experimental field.«

060 Paul Goodman u. a., *Gestalt Therapy*, New York 1951, S. 367: »What is the ›Self‹? [...] The self is the system of contacts in the organism/environment field.«

061 Peter Philippson, *Self in Relation*, a. a. O., S. 14f: »An der Stelle, an der die Differenzierung stattfindet [...], befindet sich nach Gestaltbegriffen eine Kontaktgrenze. [...] Sie ist nicht abgetrennt von dem, was die jeweilige Seite ausmacht (sie ist nicht wie zum Beispiel ein Zaun, der zwei Gärten trennt), und kein ›Ding‹. Tatsächlich passiert sie als Vorgang, der an ihr stattfindet und hält die Differenzierung aufrecht. Die Kontaktgrenze verbindet ebenso wie sie trennt und bleibt gleichwohl Teil des gleichen Feldes beider Seiten, woraus auch immer sie bestehen. [...] An dieser ›Grenze‹ des

VIII.4

Gemeinschaft vs. Antlitz des Andren. — Goodmans örtliche Metapher, wie Wheeler es nennt,[062] das Selbst entstehe an der Kontaktgrenze, ist weit entfernt davon, sich »jenseits« des Individualismus zu bewegen. Einen kontaktlosen Individualismus, in welchem die Individuen ohne Beziehung zueinander völlig »selbst«-genügsam existieren, solch einen »Atomismus«, wie er auch bezeichnet wird, hat meines Wissens in rund zweieinhalbtausend Jahren Geschichte der Philosophie in Ost und West *niemand* vertreten, zumindest kaum jemand, und eine solche Konstruktion hätte man auch *nirgendwo* ernst genommen. Dessen ungeachtet wird heute gern sogar Martin Bubers (1878-1965) dialogischer Standpunkt und sein Wort vom »Ich-Du«-Verhältnis gegen den »Individualismus« in Stellung gebracht. Zugegebenermaßen benutzt Buber selber den Begriff »Individualismus« mitunter negativ. Im Essay »*Gemeinschaft*« etwa spricht er vom »Zeitalter des Individualismus, der Lösung der Person aus ihrem natürlichen Zusammenhang«; meist bezeichnet er jedoch das, gegen das er sich wendet, als »Atomisierung und Amorphisierung« des gegenwärtigen Lebens.[063]

Kontakts erhält ein lebender Organismus sowohl seine Getrenntheit von der Umwelt aufrecht, als er auch Wege findet, sich zu nähren und in jener Umwelt zu überleben.« Original: »Where the differentiation occurs [...] the is what Gestalt terms a contact boundary. It is not separate from what is on each side of it (it is not, for example, like a wall separating two gardens) and it is not a ›thing‹. It is, in fact, the processes occurring at this contact boundary that maintain the differentiation. The contact boundary both joins and separates, and yet is part of the same field as whatever is on either side of it. [...] At the boundary of contact a living organism both maintains its separateness from its environment, and finds ways of nourishing itself and keeping itself alive in that environment.«
062 Gordon Wheeler, *Jenseits des Individualismus*, a. a. O., S. 97. Original, S. 104: »spatial metaphor«.
063 Martin Buber, *Gemeinschaft* (1919), in: ders., *Pfade in Utopia und andere Schriften*, Heidelberg 1985, S. 266, S. 265. Auch Adorno spuckte, wenn er mal richtig schlecht drauf war, Formulierungen aus wie die, Husserl sei »individualistisch verblendet« gewesen. *Metakritik ...*, a. a. O., S. 66.

Eine Google-Recherche bringt an den Tag, in wie vielen US-amerikanischen Publikationen der angebliche Bruch Bubers mit der abendländischen Philosophie und speziell mit der europäischen Aufklärung beschworen wird, sodass Wheeler hier tatsächlich als Beispiel fungieren kann. Nur ein weiteres Beispiel: Buber bräche »mit großen Teilen der Geschichte der westlichen Philosophie«, indem er den »Dialog«[064] als grundlegend für die Beziehung« betrachte.[065] Ähm, ¿wer würde denn den Dialog, die Zwiesprache, *nicht* als für die Beziehung grundlegend ansehen? Wenn jedoch, nach dem Wort Bubers, »am« Du das Ich werde,[066] so handelt es sich unzweifelhaft um ein **Individuum**: unteilbar, eigenständig, besonders. Dieses **Du**, in letzter Instanz: Gott, spreche mich als Person in meiner Einzigartigkeit, meinem Kern, meiner Unverwechselbarkeit, in meinem Wesen an. Und jenem Du wende ich mich, anders als dem Es, als dem Gemeinten zu, nicht als dem funktionellen und austauschbaren Mittel zum Zweck. Ohne Bubers Verdienste damit schmälern zu wollen, eher um zu betonen, in welch einer Tradition er steht, der Hinweis, dass diese Ethik schon in Kants »kategorischem Imperativ« enthalten ist: »Vernünftige Wesen stehen alle unter dem Gesetz, dass jedes derselben sich selbst und alle anderen niemals bloß als Mittel [Ich-Es], sondern jederzeit zugleich als Zweck an sich SELBST [Ich-Du] behandeln solle.«[067] Kant trifft nicht, wie – nach einer kritischen Vermutung, die Levinas fourmuliert – Buber, zwischen der Ich-

064 »Dialog« leitet sich ab vom Griechischen διά (dia), hindurch, sowie λόγος (logos), Wort, Rede; »Wortfluss«. Dies sei ein Fußtritt gegen Derridas Logozentrismus-Bashing: ohne λόγος kein Dialog, kein wesentlich Andrer.
065 Stephen Wigmore, *How and Why did Levinas Consider Buber's Philosophy Insufficient as a Philosophy of Interpersonal Encounter?*, academia.edu, o.O. o.J., S. 15.
066 Martin Buber, *Ich und Du* (1923), z.B. in: ders., *Das dialogische Prinzip*, Gütersloh 1986, S. 32.
067 Immanuel Kant, *Grundlegung der Metaphysik der Sitten* (1785), in: Akademieausgabe (1911), Bd. IV, S. 433.

Du-Beziehung und dem Ich-Es-Verhältnis eine »radikale Unterscheidung« und geht nicht von einer »totalen Unabhängigkeit« dieser beiden Beziehungsarten aus.[068] Levinas fragt kritisch: »Kann der Buber'sche Dualismus der Grundworte ›Ich-Du‹ und ›Ich-Es‹, der sozialen Beziehung und der Objektivierung nicht überwunden werden?«[069] Sollte Levinas entgangen sein, dass bereits Kant diesen Dualismus überwunden hatte, noch bevor er vielleicht unnötigerweise aufgebaut werden sollte? Joachim Heil jedenfalls vertritt die These, »dass sich mit Kants kritischer Philosophie eine Dimension der Freiheit eröffnet, in der die Verpflichtung zu Fremd- *und* Eigenverantwortung ursprünglicher und unmittelbarer zum Ausdruck kommt, als sich dies auf Grund eines, durch neuere Interpretationen der Philosophie Kants geschaffenen *Vorverständnisses*, dem sich auch Levinas nicht zu entziehen vermag, zeigt«.[070] Aber verweilen wir vorerst noch bei Buber.

Bubers Rede vom »Zwischen« bekräftigt in einer »örtlichen Metapher« die Getrenntheit des Ich vom Du, das gerade *nicht* zu einem ominösen und konfluenten »WIR« verschmilzt oder in ein solches überführt werden kann und darf, ohne das Wesen beider zu verspielen. Jene ominöse WIR-Konfluenz mag ja behaglich sein, vielleicht ist sie »entspannend«,[071] gemütlich, aber sie beinhaltet kein *Zwischen*, in ihr hat *Dialog* keinen Raum, kein wesentliches Wesen wird angesprochen. Es ist nur nachgerade konsequent, dass

068 Emmanuel Levinas, *Martin Buber, Gabriel Marcel und die Philosophie*, in: ders., *Außer sich* (1978), München 1991, S. 30. Im Original, S. 507: »distinction radicale«, »l'indépendance totale«.
069 Emmanuel Levinas, *Einige Anmerkungen zu Buber* (1982), ders., *Außer sich*, München 1991, S. 47. Original, S. 133: »Le dualisme bubérien des mots fondamentaux Je-Tu et Je-Cela, de la relation sociale et de l'objectivation, ne peut-il pas être surmonté?«
070 Joachim Heil, *Wenn die Freiheit ins Denken einfällt: Fremd- und Eigenverantwortlichkeit bei Kant und Levinas*, London 2004, S. 22.
071 Martin Buber, *Ich und Du*, a. a. O., S. 14.

Wheeler den Anarchisten Buber ins »konservative« Lager versetzt.[072] Aber die Konfluenz wäre nach Buber ein reines Ich-Es-Verhältnis. In der Antwort an einen Kritiker[073] betont Buber, die Ich-Du-Beziehung sei »das Gemeinsame im Ungemeinsamen«. Zuvor sagt er noch: Die Ich-Du-Beziehung scheine ihm »ihre wahre Größe und Kraft da zu gewinnen, wo zwei Menschen ohne starke gemeinsame geistige Grundlage, sogar von sehr unterschiedlicher Geistesart, ja von gegensätzlicher Disposition, einander so gegenüberstehen, dass jeder den anderen, selbst im schärfsten Konflikt, kennt und meint, wiedererkennt und anerkennt, akzeptiert und bestätigt als diese besondere Person«.[074]

Buber war, so wie Goodman, Anarchist. Allerdings vertrat Buber einen »kommunitären« **Anarchismus**, der zur Voraussetzung von *herrschaftsloser Vergemeinschaftung* einen starken »Gemeingeist« sieht. 1919 beklagt er etwa, »dass die moderne abendländische Kultur den Weg von der Gemeinschaft zur Gesellschaft gegangen« sei, »dass der mechanische Typus des Zusammenlebens den organischen durchsetzt und aufgelöst« habe. Die Gemeinschaft sei »Ausdruck und Ausbildung des ursprünglichen, die Totalität [!] des Menschen vertretenden, naturhaft einheitlichen, bindungsgetragenen Willens«, dagegen sei die Gesellschaft Ausdruck und Ausbildung eines »differenzierten, vom abgelösten Denken erzeugten, aus der Totalität [!] geborenen, vorteilssüchtigen Willens«.[075] Dass dieser Text aus dem Jahr 1919 stammt, betone ich, da Buber zwar nach 1933 an dem Wort »Gemeinschaft« festhält, nicht jedoch am neutralen Gebrauch des Wortes »Totalität«. Sätze von einer solchen Melodie sind es, die Adorno Buber als »Wurlitzer-Orgel des

072 Gordon Wheeler, *Jenseits des Individualismus*, a.a.O., S. 57.
073 Emmanuel Levinas.
074 Zit. n. Paul Schilpp und Maurice Friedman (Hg.), *Martin Buber*, Stuttgart 1963, S. 620.
075 Martin Buber, *Gemeinschaft*, a.a.O., S. 263.

Geistes« schmähen ließen.[076] – Die »Wurlitzer-Orgel« war gleichsam eine Frühform des Synthesizers, mit der Stummfilme vor Ort musikalisch untermalt wurden. Dem Musiktheoretiker Adorno war die Wurlitzer-Orgel Sinnbild für die kitschige Begrenzung des künstlerischen Ausdrucks auf Begleitmusik eines Ablaufes, der nicht mehr zu beeinflussen ist. – Kaum vorstellbar, wie in jener »bindungsgetragenen Totalität« auch nur irgendein verschwiegenes Örtchen für eine Ich-Du-Beziehung frei bleiben sollte.

Nun, ein »Gemeingeist« ist in der von Buber für notwendig befundenen Ausprägung noch nicht vorhanden, »die große, Gemeinschaft wollende, Gemeinschaft stiftende Kraft«.[077] Deshalb empfahl er am Schluss seines politischen Manifests »*Pfade in Utopia*« 1950 den Staat Israel als sozialistisches Leitbild, Moskau entgegengesetzt, einen Staat, der soziale Experimente ermögliche und zudem, obwohl sozialistisch orientiert, die Freiheit des Einzelnen respektiere. Dass ein Sozialismus weltweit komme, stand für Buber fest. Es gehe aber, schreibt er, um die Entscheidung über die Grundlage »Restrukturierung der Gesellschaft als Bund der Bünde« *versus* »Resorption der amorphen Gesellschaft durch den Staat«. Solange die UdSSR nicht selber eine »wesenhafte innere Umgestaltung« erfahren habe, müsse man den einen der beiden Pole des Sozialismus, zwischen denen dann die Wahl zu treffen sei, »mit dem gewaltigen Namen Moskaus« bezeichnen. Den anderen Pol wagte Buber »trotz allem ›Jerusalem‹ zu nennen«.[078]

»Trotz allem« wollte sagen: Bereits zu jener Zeit wurden, gegen Bubers Willen und gegen das ganze Engagement, das ihm zur Verfügung stand, aus dem Territorium des Staats

076 Theodor W. Adorno, *Jargon der Eigentlichkeit: Zur deutschen Ideologie*, Frankfurt/M. 1964, S. 19. – Mehr hierzu: Stefan Blankertz, *Minimalinvasiv*, Berlin ²2015, S. 67ff.
077 Martin Buber, *Gemeinschaft*, a. a. O., S. 276.
078 Martin Buber, *Pfade in Utopia* (1950), Heidelberg 1985, S. 243.

Israel Palästinenser zunehmend ausgeschlossen. In einem Brief an den Vorsitzenden der Knesset vom 7. März 1953 protestiert Buber z. B. gegen die »Beschlagnahmung von Böden arabischer Bürger, die nicht aus Gnade, sondern von rechts wegen in Israel ansässig« also keine Flüchtlinge seien. Es sei ihm »unverständlich«, dass »unter den jüdischen Knessetabgeordneten [sich] kaum einer gefunden« habe, der seine Stimme »gegen ein Gesetz erhoben hätte, welches eine gesetzliche Billigung für Maßnahmen und Aktionen gäbe, in denen jeder einzelne Knessetabgeordneter ein himmelschreiendes Unrecht sähe, geschähe dies seinem Eigentum oder dem Eigentum eines Juden«.[079]

Seit 1942 lebte Martin Buber im arabischen Viertel Abu Tor von Jerusalem, aus dem Mitte Mai 1948 alle Juden evakuiert werden sollen. »Buber weigert sich, seine Bibliothek zu verlassen. Einige Bücher, zusammen mit Sandsäcken, verstopfen die Fenster. Einer der Militärs fragt ihn, ob er etwas brauche; er verneint und weist nur darauf hin, dass er das Haus nicht ohne seine Bücher verlassen werde und dass die arabischen Nachbarn, mit denen er die besten Beziehungen habe, ihn schützen würden. Man musste ein Mittel finden, ihn zu überzeugen. Während der zweiten Waffenruhe übernimmt seine (24-jährige) Enkeltochter Judith die Verhandlungsführung. Man stellt ihm also für den Umzug der Bibliothek Lastwagen zur Verfügung, die der Verteilung von Mehl dienen und leer zurückkehren – die Spuren davon wird man den Büchern lange ansehen. Nun erst erklärt sich Buber bereit, das Haus zu verlassen.« Zunächst wohnt Buber in einer Pension, und zieht dann in das ehemalige arabische Wohnviertel von Talbieh, wo er »bis ans Ende seiner Tage wohnen wird; er kauft das Haus erst, nachdem er sich vergewissert

079 Martin Buber, *Ein Land und zwei Völker: Zur jüdisch-arabischen Frage*, Artikel, Essays, Briefe, Interviews, Aufrufe im Umfeld der Staatsgründung Israels, Frankfurt/M. 1993, S. 338 f.

hat, dass es nicht einem Araber weggenommen wurde«.[080]
Ein Sozialist also mit einem ausgesprochenen Respekt vor
dem Privateigentum.[081]

Dennoch: Die Bezugnahme Bubers auf den »Gemeingeist«
rechtfertigt die Kritik von Levinas, dass Bubers Ich-Du nicht
weit genug ginge in der Anerkennung radikaler, »wesentlicher« Andersheit des Andren. Levinas befürchtet, Bubers
Ich-Du-Beziehung setze Gegenseitigkeit,[082] Gleichheit oder
gar Gerechtigkeit[083] voraus und negiere bereits auf diese
Weise die Andersheit des Andren; er hingegen plädierte für
eine Perspektive der »ethischen Ungleichheit« und der
»Asymmetrie des intersubjektiven Raumes«.[084]

VIII.5

Staat vs. Antlitz des Andren. — Nun ist Levinas aber leider
kein Anarchist wie Buber (und Goodman). Eine andere als
die Sicherung der äußeren Ordnung durch eine Staatsgewalt
konnte er sich nicht denken. Gleichwohl schränkt Levinas
die gerechtfertigte Wirksamkeit der Gewalt des Staats in
klassisch liberaler Weise erheblich ein. Der Staat vermöge
nicht **Recht** zu setzen, sagt Levinas, vielmehr bloß das verantwortlich handelnde Individuum. Ein rechtmäßiger Staat
habe sich zu begrenzen darauf, das Recht, *welches außerhalb
von ihm als Recht anerkannt werde,* zu sichern. »An der Ver-

080 Dominique Bourel, *Martin Buber: Was es heißt, ein Mensch zu sein* (er-
schienen 2015), Gütersloh 2017, S. 564f.
081 Dass Privateigentum Voraussetzung für jedwede Form von Freiheit
und Selbstbestimmung ist, vgl. meine Analyse des »Kommunisten« Peter
Kropotkin, Stefan Blankertz, *Minimalinvasiv*, a. a. O., S. 125 ff. Allgemein:
Stefan Blankertz, *Anarchokapitalismus*, Berlin 2015.
082 Emmanuel Levinas, *Martin Buber, Gabriel Marcel und die Philosophie*,
a. a. O., S. 29 (Original, S. 506: »réciprocité«). Es ist fraglich, ob Levinas in
diesem Punkt Buber richtig wiedergegeben hat. Vgl. Peter Atterton u. a.,
Levinas & Buber: Dialogue & Difference, Pittsburgh 2004.
083 Emmanuel Levinas, *Anmerkungen zu Buber*, a. a. O., S. 42. Im Original,
S. 129f: »l'instauration d'une réciprocité, d'une égalité ou d'une équité«.
084 Ebd., S. 44. Original, S. 131: »dissymétrie de l'espace intersubjectif«.

antwortung für den Anderen« messe sich, so Levinas, »die Legitimität des Staates, d. h. seine Rechtsstaatlichkeit«,[085] also nicht an einer formalen Befolgung willkürlicher Regeln. Willkürliche Regeln?, heute ist jeder *dagegen.* Aber: Wer wollte in den unzähligen Ge- und Verboten, mit denen die Staatsgewalt den Alltag bestimmt, die Produktion steuert, den Konsum reguliert, sodass der Kontakt von Angesicht zu Angesicht derart eingeklammert wird, etwas anderes sehen als *willkürliche* Regeln? (Diese Regeln sind *nicht* willkürlich, sondern haben eine Intention und folgen einem – meist ökonomisch-kratischen – *Interesse* der Herrschenden, welches die die staatliche Gewalt Inhabendenden ausführen.)

Der Vorzug des Liberalismus bestehe, konstatiert Levinas, in der »nie vollendeten Gesetzgebung, die immer wieder aufgenommen wird und fürs Bessere offen« sei. »Das erlebte Gute in der Freiheit zu Revisionen bringt aber auch einen Fortschritt der Vernunft mit sich. Schlechtes Gewissen der Justiz! Sie weiß, dass sie nicht in demselben Maß gerecht ist, wie die Güte, die sie hervorbringt, gut ist. Vergisst sie das jedoch, dann droht sie in ein totalitäres stalinistisches Regime zu verfallen.«[086] Falls die Politik, sagt Levinas, »sich selbst

---

085 Ebd. »C'est la responsabilité pour autrui qui mesure la légitimité de l'État, c'est-à-dire sa justice.« Die Übersetzung von *justice* mit »Rechtsstaatlichkeit« in der deutschen Ausgabe macht einerseits Sinn im Kontext, andererseits verdunkelt sie, dass Levinas das Recht der Gerechtigkeit nun gerade nicht *im* Staat, vielmehr *außerhalb* von ihm verortet.

086 Emmanuel Levinas, *Der Andere, die Utopie und die Gerechtigkeit* (1988), in: ders., *Zwischen uns*, München 1995, S. 273. Es handelt sich um ein Interview. *Entre nous*, S. 260: »C'est peut-être là l'excellence même de la démocratie dont le foncier libéralisme correspond à l'incessant remords profond de la justice: législation toujours inachevée, toujours reprise, législation ouverte au mieux. Elle atteste une excellence éthique et son origine dans la bonté dont l'éloignent pourtant – toujours un peu moins peut-être – les nécessaires calculs qu'impose une socialité multiple, calculs qui recommencent sans cesse. Il y aurait ainsi – dans le vécu du bien sous la liberté des révisions – progrès de la Raison. Mauvaise conscience de la justice! Elle sait qu'elle n'est pas juste autant que la bonté qui la suscite est bonne. Quand elle l'oublie, elle risque de sombrer dans un régime totalitaire et stalinien.«

überlassen« bleibe, so trage »sie eine Tyrannei in sich. Sie deformiert das Ich und den Anderen, die sie hervorgerufen haben; denn sie urteilt über sie nach den universalen Regeln und eben damit wie in ihrer Abwesenheit.«[087] Die klassisch liberale Haltung, die Gewalt des Staats auf ein Minimum zu begrenzen, wie Levinas es fordert, wird von dem Ideologen Wheeler in einem manifesten Interesse von (Staats-) Gewalt, Krieg und Tyrannei veralbert als die *überholte* Ansicht, »Regierung und Gemeinschaft« seien »notwendigerweise Übel, die nur als minimale Nachtwächter gegen unsere eigene bestialische Natur gerechtfertigt werden können«.[088] Levinas dagegen stellt die rhetorischen Fragen: Wie man »die universalen, d. h. sichtbaren Prinzipien« der Politik und des Staats »dem Antlitz des Anderen entgegensetzen« könne, »ohne vor der Grausamkeit dieser unpersönlichen Gerechtigkeit zurückzuschrecken«? Und ob man nicht »unter diesen Umständen die Subjektivität des Ich als einzige mögliche Quelle der Güte einführen« müsse? Die Metaphysik gehe so »zurück zum Vollzug des Ich als Einzigkeit«; dieser Vollzug weise »dem Werk des Staates seine Stellung und seine Gestalt an«.[089] Auch wenn die Hierarchie

087 Emmanuel Levinas, *Totalität und Unendlichkeit* (1961), Freiburg 1987, S. 435. Original, S. 334f: »... la politique laissée à elle-même, porte en elle une tyrannie. Elle déforme le moi et l'Autre qui l'ont suscitée, car elle les juge selon les règles universelles et, par là même, comme par contumace.«
088 Gordon Wheeler, *Jenseits des Individualismus*, a. a. O., S. 59. Original, S. 57f: »A corollary [of the individualist paradigm] is [...] the idea that politics is the enemy of the individual person. ›The best government is the least government‹, said Jefferson, in a classic percept of liberal individualism. [...] Thus government and community are necessary evil which can only be justified as a minimal safeguard against our own bestial nature.« Welcher klassische Liberale hat die Gemeinschaft zu einem notwendigen »Übel« erklärt? Hat Staat und Gemeinschaft gleichgesetzt? Hat von einer »bestialischen Natur« des Menschen gesprochen? *By the way*, das Zitat stammt *nicht* von Thomas Jefferson (obgleich es seine Haltung gut trifft), vielmehr von Henry David Thoreau, Erfinder des »zivilen Ungehorsams«, auf den Mahatma Gandhi sich stützte.
089 Emmanuel Levinas, *Totalität und Unendlichkeit*, a. a. O., S. 436. Und im

des Staats perfekt funktioniere, lautet die gegenteilige Überzeugung von Levinas, und alle sich an die universalen Regeln
halten, bleibe die Staatgewalt problematisch; die »Tränen
des Anderen« sind »unsichtbar für den Beamten«.[090]
Zu einem nicht unwesentlichen Teil scheint es mir genau die
liberale Haltung zu sein, die dazu geführt hat, dass Levinas
im akademischen Kontext lange mehr oder weniger ausgeschlossen blieb, einem Kontext, in welchem »Liberalismus« das Schimpfwort schlechthin geworden ist und als
nicht ernstzunehmend angesehen wird.[091] Wäre die neueste
Geschichte anders verlaufen, hätte Levinas die Popularität
eines Jean-Paul Sartre erlangt?
Auch Levinas projizierte, wie Buber, seine Hoffnungen in
den Staat Israel,[092] so sehr, dass er gar auf dringende Nach-
frage hin sich weigerte, in Palästinensern »die Andren« zu
sehen. Hören wir das Statement aus einem Radiointerview
vom 22. September 1982. Levinas wird gefragt, ob er als *der*
Philosoph des Andren nicht meine, der Andre müsse für den
Israeli zuallererst der Palästinenser sein. Hierauf entgegnet
Levinas dunkel, seine Definition des Andren laute »ganz
und gar anders«. Dann wird eine Plattitüde nachgeschoben:

Original, S. 335: »La métaphysique nous ramène donc à l'accomplissement
du moi en tant qu'unicité par rapport auquel l'œuvre de l'État doit se situer
et se modeler.«
090 Emmanuel Levinas, *Transcendance et hauteur* (1962), in: ders., *Liberté
et commandement*, Paris 1994, S. 97: »Il y a, si vous voulez, des larmes qu'un
fonctionnaire ne peut pas voir: les larmes d'Autrui.«
091 Oberhäupter des Antiliberalismus und der Antiaufklärung sind linke
resp. rechte Denker wie Pierre Bourdieu (1930-2002), Byung-Chul Han,
Naomi Klein und Thor v. Waldstein.
092 Wie Buber Jerusalem Moskau gegenüber stellt, setzt Levinas »den Staat
Cäsars« in Opposition zum »Staat Davids«. Vgl. Jacques Derrida, *Adieu*,
a. a. O., S. 99ff. Aber ist der »Staat Davids« ein Staat? Oder ist nicht, nach
dem Wort Bubers, »was ihr für Theokratie ausgebt, Anarchie gewesen«?
Martin Buber, *Königtum Gottes* (1932), Heidelberg 1956, S. 28. Jedenfalls
bei Derrida, ebd., S. 122, gerät Levinas eher in die Nähe der Anarchie (wenn
auch nicht des Anarchismus) als in die des Liberalismus, dem dieser selber
sich zurechnete.

Der Andre sei der Nächste. Es folgt die Wende, die ebenfalls nicht über die Stammtisch- oder, heute, Social-Media-Weisheit hinaus geht: »Aber wenn Ihr Nächster einen anderen Nächsten angreift oder ihm gegenüber ungerecht ist, was können Sie tun?« Er beantwortet die eigene Frage tatsächlich als besorgter Wutbürger: »Hier kann in der Andersheit ein Feind erscheinen.« Abschließend stellt er fest: »Es gibt Menschen, die unrecht haben.«[093] Dieses Statement fasst Judith Butler dergestalt zusammen, Levinas habe in einem Interview behauptet, dass »die Palästinenser kein Gesicht haben« und darum würde deren »menschliche Verletzlichkeit« keinen Grund abgeben, das Tötungsverbot zu beachten.[094] Das scheint mir eine für Levinas zu nachteilige Wertung zu sein. Butler übersieht die »uralte Opposition« der Vernunft zur Meinung,[095] wobei die Trivialität der Aussagen von Levinas beim Interview für mich in die Kategorie der Meinung des Herrn Levinas fällt; die Aussagen dürfen nicht als Urteile des Philosophen gelten. Allerdings finden sich ähnliche Levinas'sche Einlassungen, welche schwerer wiegen (will sagen: übers bloße »Meinen« hinausgehen): Es geht um Agag, erstes Buch Samuel des *Tanach*, Kapitel 15.

093 In: Emmanuel Levinas, *Verletzlichkeit und Frieden: Schriften über die Politik und das Politische*, Zürich 2007, S. 244. Original, S. 5: »Est-ce que l'›autre‹ pour l'Israélien, n'est pas d'abord le Palestinien? [Levinas:] Ma définition de l'autre est tout-à-fait différente. L'autre, c'est le prochain, pas nécessairement le proche, mais le proche aussi. Et dans ce sens-là, étant pour l'autre, vous êtes pour le prochain. Mais si votre prochain attaque un autre prochain ou est injuste avec lui, que pouvez-vous faire? Là, l'altérité prend un autre caractère, là, dans l'altérité, peut apparaître un ennemi, ou du moins là se pose le problème de savoir qui a raison et qui a tort, qui est juste et qui est injuste. Il y a des gens qui ont tort.«
094 Vgl. Judith Butler, *Precarious Life and the Obligations of Cohabitation*, Stockholm 2011, S. 7 resp. S. 25: Levinas »claimed in an interview that the Palestinian had no face [...] (and hence, their human vulnerability can be the ground for no obligation not to kill)«.
095 Emmanuel Levinas, *Martin, Buber, Gabriel Marcel und die Philosophie*, a. a. O., S. 23. Im Original, S. 502: »raison dans leur antiques opposition à l'opinion«.

VIII.6

Die Ungültigkeit des Buchstaben: König Agag als Hitler oder als ungesehenes Antlitz des Andren. — Nocheinmal: Kann man in Frieden leben, wenn es, wie das Sprichwort so will, dem bösen Nachbarn nicht gefällt? Oder wenn, in den Worten von Levinas, mein »Nächster einen anderen Nächsten angreift«?[096] In diesem Zusammenhang erhält die bereits zitierte Kritik von Levinas an Buber eine überragende und aktuelle Bedeutung, die Kritik nämlich, Buber beschreibe die Ich-Du-Beziehung als eine für seine Konstitution notwendig gegenseitige und symmetrische. Nach Levinas hingegen fordert mich das Antlitz des Andren auf, ihn nicht zu töten, selbst dann, wenn dieser nicht darauf verzichtet, mich töten zu wollen. Dies jedenfalls lese ich aus Levinas' Philosophie des Andren.

Es gibt jedoch, und das will ich hier nicht verschweigen, weil es mich tief beunruhigt und verstört hat, eine gleichsam dunkle, kontaktlos-sinnlos gewalttätige und rachsüchtige Seite von Levinas. Sie wird deutlich in einer Polemik gegen Buber, die eine Bibelinterpretation betrifft. Diese Polemik ist alles andere als trivial und nicht als bloße »Meinung« abzutun. Es geht um die Geschichte des Feldzugs von König Saul gegen die Amalektiter und ihren König Agag. Gott hat Saul – durch den Propheten Samuel – aufgefordert, »weihe alles, was Agag gehört, dem Untergang! Schone es nicht, sondern töte Männer und Frauen, Kinder und Säuglinge, Rinder und Schafe, Kamele und Esel!«[097] Gehorsam zieht Saul in den Angriffskrieg, jedoch wird nicht nur manches Vieh als Beute mitgenommen, vielmehr auch König Agag verschont, der in Kriegsgefangenschaft gerät. Auf Geheiß Gottes stellt der Prophet Samuel König Saul wegen seines Ungehorsams zur Rede und vollzieht eigenhändig die Hin-

096 Interview 1982 (siehe oben, Fn. 93.)
097 1 Sam 15:3.

78

richtung von Agag. Saul fällt bei Gott in Ungnade, bleibt zwar im Amt, findet sich aber bestraft, indem er nicht wie ursprünglich vorgesehen zum Stammvater des israelitischen Königtums wird.

Martin Buber berichtet, dass ihm diese Geschichte schon als Kind fürchterlich vorgenommen sei. In einem Gespräch mit einem einfachen gläubigen Juden, von dem Buber berichtet, habe er, Buber, die Stelle für sich so ausgelegt, dass Samuel nicht verstanden habe, was Gott wolle. Buber fügt hinzu, dass man sich manchmal zwischen Gott und der Bibel entscheiden müsse und gut daran täte, auf Gott anstatt auf die Bibel zu hören. Für die Entscheidung gäbe es kein objektives Kriterium, bloß den Glauben.[098] *Buber at his best ...* Obgleich man als ein aufmerksamer Levinas-Leser erwarten sollte, Levinas würde Buber hierin beipflichten,[099] *kritisiert* Levinas in einem Interview Buber, dieser ginge wohl davon aus, sein Gewissen könne ihn besser als das Buch der Bücher über den Willen Gottes unterrichten; aber, hält ihm Levinas dogmatisch entgegen, man könne seinem Gewissen nicht zuhören, wenn man nicht dem Buch der Bücher »extreme Aufmerksamkeit« schenke.[100] Was für eine indirekte Unterstellung an Buber, dem Mann, der den gesamten *Tanach* ins Deutsche übertragen hatte, gebreche es an der nötigen »extremen Aufmerksamkeit« oder Achtsamkeit für das Buch der Bücher! Und welche Buchstabengläubigkeit für einen Mann, bei dem man sonst liest, Gott befehle, die Ethik im Antlitz des Andren zu lesen, das sagen wolle, »töte mich

098 Martin Buber, *Samuel and Agag* (1960), in: Atterton u.a. (Hg.), *Levinas & Buber*, a.a.O., 29ff. Textabschnitt aus: Martin Buber, *Begegnung: Autobiographische Fragmente*, Stuttgart 1960, S. 44ff.
099 Peter Atterton, Matthew Calarco & Maurice Friedman, *Introduction* zu *Levinas & Buber*, a.a.O., S. 22.
100 1987, dokumentiert in: Atterton u.a. (Hg.), *Levinas & Buber*, a.a.O., S. 34. Ein Interview mit François Poirié, S. 114: »Je continue à penser que sans attention extrême portée au Livres des livres, on ne peut écouter la conscience.« – Vgl. auch unten im *Postskript* § 11 (S. 110).

nicht«! Das heißt doch, den Buchstaben über das Antlitz zu stellen, das ja wohl auch in der Gestalt von Agag sagt: »Töte mich nicht.« Sollte es so sein, dass Levinas' Diktum, »der Kriegszustand setzt die Moral außer Kraft«[101] nicht kritisch gegen den Krieg sich richtet, sondern eine *Zustimmung* dazu bedeutet, im Krieg sei der »gerechten« Partei *alles* erlaubt? Anscheinend besitzt Agag für Levinas tatsächlich *kein* Antlitz. Buber hingegen schreibt, nichts könne ihn »an einen Gott glauben machen«, der Saul dafür bestrafe, dass dieser den kriegsgefangenen Agag *verschont* habe.[102] Wenn Levinas Agag mit Hitler identifiziert, ist das ebenso ein *Wegmachen* – Leugnen! Leugnen! – des biblischen Textes, der auf das absolut Böse von Agag über seine Funktion als gegnerischer Kriegsherr hinaus keinerlei Hinweis gibt, weil auch ihm der Text des Tanach vermutlich *unerträglich* zu sein scheint. Mehr noch: Selbst das Antlitz von Hitler müsste, wenn er, geschlagen, vor dem Henker steht, sagen: ¡Töte mich nicht! Wir haben das in dem verstörenden Video der Misshandlungen Muammar Gaddafis vor seiner Tötung gesehen, das 2011 um die Welt ging. Was für eine *unerträgliche* Kolonisation des Antlitzes des Andren, ihm zu unterstellen, dass es das Antlitz eines Absolut Bösen sei! »In einer Arena fand, unter meinem Befehl, die Hinrichtung einer großen Anzahl von Nazis statt. [...] Zur Vereinfachung wurde beschlossen, jedem einzelnen der Delinquenten solle mit einem Pickel oder einer Spitzhacke der Schädel eingeschlagen werden. Da wurde mir berichtet, vor dieser unsicheren und qualvollen Hinrichtungsweise hätte die Opfer die unbeschreiblichste Angst ergriffen. Mich erfaßte vor diesem Greuel ein solcher

101 Emmanuel Levinas, *Totalität u. Unendlichkeit*, a.a.O., S. 19. Original, S. 5: »L'état de guerre suspend la morale. [...] Elle la rend dérisoire.« Zur »Tyrannei des Staates« vgl. Jacques Derrida, *Adieu*, a.a.O., S. 99, S. 122.
102 Zitiert von: Maurice Friedman, *Buber and Levinas: An Ethical Query*, in: Peter Atterton, *Buber & Levinas*, a.a.O., S. 128. Aus: Martin Buber, *Begegnung: Autobiographische Fragmente*, a.a.O., S. 47.

Ekel, daß ich mit dem Gefühl von physischer Übelkeit auf-
wachte.«[103]
Levinas verlangt – um doch noch etwas Positives dieser für
Levinas etwas unangenehmen Diskussion abzugewinnen –
also jedenfalls nicht, auf Gegenwehr und Selbstverteidigung
zu verzichten.[104] Allerdings steht – wenn wir Levinas' philosophischen, aber leider nicht seinen religiösen Setzungen
folgen – die Gegenwehr gegen Übergriffe und Angriffe des
Andren unter der ethischen Begrenzung, dass sie, wenn sie
Recht sein solle, sich mit der Abwehr begnügt und nicht
ihrerseits den Andren zu vernichten sucht: Dem Andren
kann die Grenze gesetzt werden, mich nicht zu vernichten,
aber diese Grenze sollte gewahrt werden. Das ist das Ideal
des liberalen Rechts, des »ewigen Friedens«, wie Kant ihn
1775 kennzeichnete. Mit dieser Haltung ist Frieden weder
sofort hergestellt noch garantiert, aber er bleibt *möglich*, weil
er die Spirale von Traumatisierung und Rache durchbricht.
Es braucht Kraft, Mut und gegenseitige Unterstützung, eine
solche Haltung einzunehmen, es braucht mithin Kontakt
und Begegnung sowie die Bereitschaft, dem Andren ins Antlitz zu blicken. Die Augen, die sagen: »Töte mich nicht.«
Mein Bild dafür stammt aus John Fords (1894-1973) Film
»*The Searchers*«.[105] Sieben Jahre ist Ethan Edwards (John
Wayne) auf Rachefeldzug gegen eine Gruppe von Indianern,
die seinen Bruder und dessen ganze Familie ermordet haben,
bis auf Debbie (Nathalie Wood), der kleinen Tochter, die
bei den Indianern herangewachsen und zu einer Indianerin
gereift ist. Als Ethan die Gruppe aufspürt, ist es unzweifelhaft, dass er Debbie töten will und – wird. Hoch zu Pferde

103 Aus einem Traum von Adorno (Los Angeles, Ende März 1944). *Traumprotokolle*, Frankfurt/M. 2005, S. 33.
104 Victoria Tahmasebi-Birgani, *Emmanuel Levinas and the Politics of Non-
Violence*, Toronto 2014, stellt dagegen den Bezug von Levinas' Philosophie
zu gewaltfreien Widerstandsformen im Sinne Gandhis her.
105 1956. Dt. »Der schwarze Falke«.

jagt er ihr nach, während sie zu Fuß flieht. Ethan holt sie ein, nimmt sie auf, hält sie sich über den Kopf, schaut ihr in die **Augen** – und sie sieht sehr schön und sehr indianisch aus –, lässt sie in seine Arme fallen und sagt: »Wir gehen nach Hause, Debbie.« Der sehr linke Regisseur Jean-Luc Godard bemerkte, für diese Szene, die er nicht ohne in Tränen auszubrechen *ansehen* könne, würde er den sehr reaktionären John Wayne »zärtlich lieben«.[106]

VIII.7

Der Andre und die Gesellschaft. — Adorno warf Buber vor,[107] dass dieser so tue, als bewege sich der Mensch quasi in einem sozialfreien Raum zwischen dem Modus Ich-Du und Ich-Es. Wenn mir, laut Buber, das Du »von Gnaden« begegne,[108] scheint das weder an in *mir* liegende, noch an in der *Welt* liegende »Bedingungen« geknüpft zu sein. Mit Levinas hat Adorno nicht groß sich abgemüht, vielleicht deshalb nicht, weil er zwar die Phänomenologie, der Levinas entstammt, als faschismus-, zumindest jedoch ideologieverdächtig verwarf,[109] gleichwohl in Levinas einen nahe verwandten Geist erfassen musste, so etwa, wenn er klagt,[110] »der Geist«, beschlagnahme, »was ihm nicht gleicht, macht es sich gleich, zum Besitz«; die *Methode* verlange, »Unbekanntes aus Bekanntem zu erklären«. »Das ›Unverbundene‹, nicht Integrierbare wird zur Todsünde. Drastisch wird der Gedanke

106 Zit. n. Michael Töteberg (Hg.), *Film-Klassiker*, Stuttgart 2006, S. 124. Erstaunt und erschrocken habe ich entdeckt, dass der Film heute bisweilen als rassistisch gegeißelt wird: Es mangelt an der Bereitschaft, zwischen Protagonist und Aussage des Werks zu unterscheiden.
107 Vgl. dazu Stefan Blankertz, *Adorno vs. Buber*, in: ders., *Minimalinvasiv*, a. a. O., S. 67ff.
108 Martin Buber, *Ich und Du*, a. a. O., S. 15.
109 Theodor W. Adorno, *Jargon der Eigentlichkeit*, a. a. O., passim. Gegen Heidegger. Mit Husserl verfährt er in *Zur Metakritik der Erkenntnistheorie*, a. a. O., etwas gnädiger.
110 Theodor W. Adorno, *Zur Metakritik der Erkenntnistheorie*, a. a. O., vgl. z. B. S. 17, S. 40, S. 51.

der Kontrolle durch die gesellschaftliche Organisation [...]
überantwortet.«

Aber auch auf Levinas trifft Adornos Kritik an Buber zu: Es
scheint, als erginge ohne psycho-soziale Vorbedingung die
ethische Aufforderung, im Antlitz des Andren zu lesen *töte
mich nicht*, obwohl man fähig wäre, ihn zu töten.[111]
Allerdings besteht Levinas darauf, dass Gott nicht im »Du«
erscheine wie bei Buber, der damit die ethische Grundlage
der Verantwortung *im* Dialog verortet, sondern als »dritte
Person«[112] den »Befehl an mich« erteilt, »den Nächsten
nicht im Elend zu lassen«.[113] Derart gibt es bei Levinas eine
außerhalb des Ichs und der Beziehung zum Andren liegende
Bedingung für die Verantwortung, die aber weder psychisch
noch sozial definiert ist. *Den Nächsten nicht im Elend lassen*,
hätte er auch für »den« Palästinenser gelten lassen müssen.
Dass er das nicht konnte, ist in sozialen, biografischen sowie
psychischen Randbedingungen beschlossen, die *seine* Philosophie nicht in der Lage ist, mitzubedenken.

VIII.8

Die therapeutische Aufgabe in der neurotischen Gesellschaft.
— Der gestalttherapeutische REvolutionär Goodman sah es
als notwendig an, einerseits die durchs herrschende System
des Etatismus geschwächten Menschen mit therapeutischer
Unterstützung zu stärken, und andererseits sah er, dass es zu

---

111 Emmanuel Levinas, *Ethik und Geist* (1963), in: ders., *Schwierige Freiheit*, Frankfurt/M. 1992, S. 20. In *Liberté difficile*, S. 24: »Seule la vision du
visage où s'articule le ›Tu ne tueras point‹ ne se laisse pas retourner en
satisfaction qui en résulte, ni en obstacle trop grand, s'offrant à notre pouvoir. Car, en réalité, le meurtre est possible. Mais il est possible quand on n'a
pas regardé autrui en face. L'impossibilité de tuer n'est pas réelle, elle est
morale.« Die liebliche Levinas-Rezeption verkennt den *Schrecken*, den der
Andre ihm zufolge verbreitet.
112 Emmanuel Levinas, *Einige Anmerkungen zu Buber*, a. a. O., S. 46. Vgl.
im Original, S. 133: »tiers«.
113 Ebd., S. 42. Vgl. im Original, S. 130: »Droiture de l'exposition à la mort
et ordre à moi donné de ne pas laisser autrui à l'abandon (Parole de Dieu).«

Veränderungen erst kommt, wenn die Menschen nicht bloß ihr Inneres, vielmehr eben auch die äußeren Bedingungen der sozialen Umgebung verändern.

Auch die neurotische Erfahrung reguliere sich selbst, davon gingen Goodman & Co. in »*Gestalt Therapy*« aus. Extreme »Willensüberanstrengung« der Neurotiker sei angesichts der chronischen Gefahr ebenso begründet wie verbreitet, sodass man von einer *neurotischen Gesellschaft* sprechen könne. Aber Neurotiker tendieren zur spontanen Willensüberanstrengung auch dort, wo es möglich sei, sich gefahrlos zu entspannen. Der Neurotiker begehe keinen Fehler, wenn seine Selbstregulation ihn zum Therapeuten führt, um eine unfertige Situation abzuschließen.[114]

Das **Selbst** entsteht an der Kontaktgrenze (örtliche Metapher!): Das ist eine soziale Grenze, an der es zu Konflikten kommen kann. In der Angst vor Konflikt erblickte Goodman das erste Hindernis für sozialen Wandel.

Darum sagen die Autoren von »*Gestalt Therapy*«, dass die Neurose nicht in einem aktuellen inneren oder äußeren Konflikt begründet sei – einem Konflikt zwischen den Bedürfnissen, zwischen sozialen Ansprüchen und körperlichen Bedürfnissen, zwischen persönlichen Zielen (z. B. Ehrgeiz) einerseits und sozialen Ansprüchen und körperlichen Bedürfnissen andererseits. Alle derartigen Konflikte könne das Selbst integrieren. Vielmehr bestehe die Neurose in der *vorzeitigen Befriedung* der Konflikte.[115]

114 Paul Goodman u. a., *Gestalt Therapy*, a. a. O., S. 276: »Neurotic experience is also self-regulating. [...] We might well speak of a ›neurotic society‹ whose arrangements are out of human scale. But the neurotic [...] is spontaneously deliberate when he could safely relax. [...] But with help, that actual situation can be changed to his advantage. It is useful to express it in this complicated way rather than to say simply, ›The neurotic is making a mistake‹, because the neurotic is self-regulating, and it is in order to complete a true unfinished situation that he comes to the therapist.«
115 Ebd., S. 360: »We are saying [...] that neurosis does not consist in any active conflict, inner or outer, of one desire against another, or of social

VIII.9

Was tun? — Seit dem Tod von Goodman 1972 hat die Welt sich in eine andere als die von ihm erhoffte Weise entwickelt, entwickelt hin zu mehr staatlicher Regulierung, hin zu weniger Eigenverantwortung, auch hin zu mehr Krieg, genau wie die Entwicklung des Staats Israel die Hoffnungen von Buber getäuscht hat, der 1965 starb; und als Levinas 1995 starb, entsprach der Staat Israel schon lange kaum mehr seinen Idealen, auch wenn Levinas das nicht wahrhaben wollte. Aber wenn wir Frieden, Freiheit und Wohlstand wollen, tun wir gut daran, uns an den **Individualismus** von Adorno, Buber, Goodman und Levinas zu erinnern. Frieden > Freiheit > Wohlstand – in dieser Reihenfolge: Frieden als Vorbedingung von Freiheit, individuelle Handlungsfreiheit als Vorbedingung von Wohlstand. > *Postskript.*

VIII.10

Kritik der ethischen Gewalt. — Gestalttherapie, die wesentlich ist, müsste *Friedensarbeit* sein. Sie kann nicht sich im Rahmen der Bedingungen bewegen, die für den »unendlichen Krieg für den unendlichen Frieden«[116] stehen. »Wir sollten«, notierte Goodman sich im Oktober 1945 als Schlusspunkt seines »revolutionären Programms«, »zunehmend Abstand nehmen von allem, was mit Krieg zu tun hat.«[117]

»... ein abstrakter **Frieden**, der nach Beständigkeit in den

standards against animal needs, or of personal needs – e.g., ambition – against both social standards and animal needs. All such conflicts are compatible with the integration of the self, and indeed are means of the integrating of the self. But neurosis is the premature pacification of conflicts.«
116 Harry Elmer Barnes, *Perpetual War for Perpetual Peace* (1953), New York 1963. Das Diktum stammt aus einem Gespräch von Charles A. Beard mit Barnes. – Titel einer Essaysammlung von Gore Vidal (New York 2002).
117 Paul Goodman, *Drawing the Line* (1945), in: ders., *Drawing the Line Once Again: Paul Goodman's Anarchist Writings*, Oakland 2010, S. 44. »We must progressively abstain from whatever is connected with the war.«

Gewalten des Staates sucht, in der Politik, die durch Gewalt den Gehorsam gegenüber dem Gesetz sichert. Folglich ein Rückgriff der Gerechtigkeit auf die Politik, auf ihre Kunstgriffe und Listen: rationale Ordnung, die um den Preis der eigenen Notwendigkeiten des Staates erlangt wird, die in ihr impliziert sind. Diese bilden einen Determinismus, der so streng wie derjenige der gegen den Menschen gleichgültigen Natur ist, auch wenn anfänglich die Gerechtigkeit [...] als Zweck oder Vorwand für die politischen Notwendigkeiten gedient hat«, schrieb Levinas 1985. Die beiden ersten Sätze sind auch im Original unvollständig und schließen an einen Ausruf an: »Bleibt nicht der Frieden, den [das durch Gerechtigkeit begrenzte Menschenrecht] errichtet, ein [...] prekärer Frieden? Ein schlechter Frieden, aber gewiss besser als ein guter Krieg! Doch ein abstrakter ...«[118]

Mit wenigen Worten gelingt es Levinas, das Dilemma des Staats auf den Punkt zu bringen. Und dennoch verstört in diesem Statement die Entgegensetzung von Gerechtigkeit und Menschenrecht. Ist denn nicht das Menschenrecht ein Teil der Forderung nach Gerechtigkeit? Oder die Gerechtigkeit Teil des Menschenrechts?

Ein Frieden, der auf Staatsgewalt gründet, ist prekär, unsicher. Das leuchtet unmittelbar ein, denn Frieden ist die Abwesenheit von Gewalt, die in der Staatsgewalt immer potenziell und strukturell anwesend ist, sogar dann, wenn der Staat aktuell keine Gewalt ausübt. In diesem Fall bleibt sie als Drohung potenziell bestehen, ist *strukturell* verschleiert.

118 Emmanuel Levinas, *Die Menschenrechte & die Rechte des jeweils Anderen* (1985), in: ders., *Verletzlichkeit und Frieden*, a. a. O., S. 105. *Hors Sujet*, S. 184: »Limité ainsi par justice, le droit de l'homme ne reste-t-il pas droit refoulé et la paix qu'il instaure entre les hommes, paix encore incertaine et toujours précaire? Mauvaise paix, meilleure, certes qu'une bonne guerre! Mais paix abstraite, cherchant stabilité dans les pouvoirs de l'État, dans la politique qui assure par la force, l'obéissance à la loi. Dès lors, recours de la justice à la politique, à ses stratagèmes et ruses: ordre rationnel s'obtenant au prix des nécessités propres de l'État, qui y sont impliquées. Elles consti-

Inwiefern ist er auch abstrakt? Er sieht ab davon, dass im Staat die Drohung der Gewalt ganz konkret sein muss, damit sie ihre beabsichtigte Wirkung entfalten kann. Frieden ist im und mit dem Staat nur denkbar als die *vor-über-gehende* Abwesenheit aktuell ausgeführter Gewalt.

Aber nicht nur der innere Widerspruch zwischen der im Staat beinhalteten Gewalt und dem Frieden lässt diesen unsicher und abstrakt sein. Die Politik, wie sie mit dem Staat ins Leben der Menschen Einzug hält, wird von einer Rationalität geprägt, die an den Notwendigkeiten der Machterhaltung orientiert ist, landläufig »Staatsraison« genannt. Besteht das aufklärerische Versprechen der »rationalen Ordnung« darin, die menschliche Gesellschaft aus dem brutalen Naturzusammenhang zu lösen,[119] bildet die **Staatsraison** den mitleidlosen Naturzusammenhang auf gleichsam höherer Stufe wieder ab: Aus ihr gibt es kein Entrinnen; die Staatsraison ist gegen den einzelnen Menschen so gleichgültig wie die Natur. Levinas nennt dies vermutlich bloß deshalb nicht wie Theodor W. Adorno »*Dialektik der Aufklärung*«, weil er kein Dialektiker ist, sondern Phänomenologe.[120]

Es beginnt klar zu werden, was das Problem der **Gerechtigkeit** darstellt: Sie ist apathisch gegenüber dem je einzelnen Menschen; d. i. sie wird vollstreckt unter Absehung des konkreten Menschen. Eine Auffassung von **Menschenrecht**, die wesentlich durch Gerechtigkeit gekennzeichnet ist, kommt demnach ohne den – konkreten, einzelnen – Menschen aus.

tuent un déterminisme aussi rigoureux que celui de la nature indifférente à l'homme, dût la justice [...] avoir, au départ, servi de fin ou de prétexte aux nécessités politiques.«

119 So sagt auch Adorno: Die Philosophie ziele »zunächst auch auf die Befreiung vom Naturzusammenhang«. *Zur Metakritik der Erkenntnistheorie*, a. a. O., S. 28.

120 Aber »alle Dialektik seiner Philosophie«, bemerkt Adorno (bezogen auf Husserl), »ereignet sich gegen deren Willen«. *Zur Metakritik der Erkenntnistheorie*, a. a. O., S. 56.

Die Sorge, die Levinas umtrieb, lautete, dass man versuche, den Andren sich gleich zu machen.

1940 geriet Levinas in deutsche Kriegsgefangenschaft. Seine Eltern und Brüder fielen in Litauen der Ausrottung der Juden durch die Nationalsozialisten zum Opfer. Levinas schwor, nie wieder deutschen Boden zu betreten. Anders als viele Intellektuelle seiner Zeit[121] verfiel Levinas aber nicht darein, den scheinbaren Gegenpol des gleichmachenden Kollektivismus, das heißt den zumindest strukturell dem Nationalsozialismus ebenbürtigen Stalinismus zu preisen. Ganz im Gegenteil, er widmete sein Werk von nun ab ganz der Analyse, wie die Gleichschaltung des Andren, wie das *Nichtakzeptieren einer Andersheit des Andren* funktioniere. Selten wurde Levinas so politisch und staatskritisch wie in dem zitierten Statement. Radikal setzt er beim Erkenntnisprozess selbst an, der stets darauf angelegt sei, *alles* zu verstehen, *alles* unter klar geordnete Begriffe zu subsumieren, keine Abweichungen zuzulassen. Das Buch Judith Butlers zu ihrer Levinas-Rezeption heißt im Original »*Giving an Account of Oneself*« (2005), Auskunft über sich erteilen; es ist dies einer der glücklichen Fälle, in welchem der Titel der Übersetzung bedeutend treffender ist: »*Kritik der ethischen Gewalt*«.[122] Gegen die »ethische Gewalt« der Gerechtigkeit, die eine Andersheit des Andren nicht hinnehmen kann und ihn sich gleichmachen will, setzt Levinas das ethische Prinzip, gekennzeichnet durch die Erkenntnis, das Antlitz des Andren sage: »Töte mich nicht.«

121 Etwa Maurice Merleau-Ponty (*Humanismus und Terror*, 1947; hier bescheinigt er dem stalinistischen Terror eine höhere Stufe des Humanismus und dessen Willkürjustiz einen höheren Begriff der Gerechtigkeit) oder Jean-Paul Sartre (Che Guevara, der 1960 Blumen sogar gegen den Willen Fidel Castros an das Grab von Stalin legte, sei der »vollständigste Mensch unserer Epoche«). Zwei Beispiele. Schlimm genug. Unter vielen anderen: noch weitaus schlimmer.
122 Vgl. den »Taumel ethischer Gewalt« bei Jacques Derrida, in: *Adieu*, a. a. O., S. 52 (»vertige de la violence éthique«).

Ich kann nicht sagen, dass ich gerne auf den Begriff der Gerechtigkeit verzichte, dennoch mahnt mich die Kritik von Levinas, achtsamer mit ihm umzugehen.

VIII.11

Levinas' Beitrag. — Die Schaffensperiode von Levinas liegt in einer Zeit, die stark von rechten, vor allem aber linken kollektivistischen Idealen bei den Geisteswissenschaftlern geprägt war. Ihm ist es hoch anzurechnen, dass er dennoch einen nahezu unvergleichlichen Individualismus und eine in der Konsequenz nicht zu überbietende Kritik am Gleichmachen philosophisch entwickelt und an ihr gegen alle Widerstände festgehalten hat. Seine Philosophie verdient es, in Ehren gehalten und wiederentdeckt zu werden.

IX

Konstruktivismus als kollektive Psychose: Die Rückkehr der Projektions-Ritter. — Politisch korrekt hingegen wäre ein naiver, keineswegs jedoch harmloser Konstruktivismus gewesen: Da es Wirklichkeit und Wahrheit in Wahrheit und Wirklichkeit nicht gebe, könne, dürfe und müsse zwar nicht der Einzelne, der dieser Auffassung nach *per se* das Böse verkörpert, dagegen wohl das herrschende Kollektiv durch die gemeinsamen Beschlüsse jedwede Gestaltung des Menschen und seiner, *pardon* »unsrer« **Gesellschaft** herbeiführen. In Bezug auf die hier als Beispiel dienende aktuelle Frage der Genderneutralisierung wird jene Position gern auf Judith Butler und ihr Buch »*Gender Trouble: Feminism and the Subversion of Identity*« (1990) zurückgeführt. Ihre Position ist sicherlich differenzierter, zumal sie in ihrer »*Kritik der ethischen Gewalt*« (2007) auch Levinas rezipiert. Dass sie eine zwangsweise Genderneutralisierung in der Staatsschule nicht unter die ethische Gewalt rechnet, vermag ich mir bis zum Beweis des Gegenteils kaum vorzustellen – und dass sie

Punkteabzug bei akademischen Prüfungsarbeiten, die nicht durchgegendert verfasst sind, für ein probates Mittel hält, um »*das Unbehagen der Geschlechter*« zu beenden, ebensowenig. Jedenphalls empfände ich es als einen Widerspruch zu ihrem Aufruf, dass man *spielerisch* und *subversiv* mit sozial zugeschriebenen Geschlechterrollen umgehen solle.[123] Die Ausübung von Repression durch die Vergabe von Prüfungsnoten entsprechend dem politisch korrekten Wohlverhalten »subversiv« zu nennen, *wäre* in der Tat eine Parodie. Nicht auf das herrschende System, sondern auf Judith Butler (*für den Fall, dass* sie der inzwischen herrschenden Praxis zustimmt). In *dem* Fall einer von der Universität Lund behördlich erzwungen geschlechterspezifischen Auswahl wissenschaftlicher Literatur – gerichtet gegen Erik Ringmar, der daraufhin das Seminar absagte – hat sie energischen Einspruch erhoben und die akademische Freiheit verteidigt, obwohl sie inhaltlich mit Erik Ringmar nicht übereinstimmt: Gott sei Dank!

Zudem verweist sie durchaus auf die Problematik, dass die Ansicht einer *ausschließlich* sozialen Konstruktion des Geschlechts sowohl dem Feminismus als auch homosexueller Orientierung nichts anderes als die Funktion einer Ideologie zuzugestehen vermag.[124] Wie dem auch sei, sofern Butler zwar das **Subjekt** bzw. die Identität »dekonstruiert«, die Politik – Euphemismus für kollektive, staatliche Gewalt zur Kolonisation oder gar zur *Vernichtung des Andren* – jedoch ausdrücklich von jeder Dekonstruktion ausnimmt,[125] bleibt

---

123 Judith Butler, *Das Unbehagen der Geschlechter*, Frankfurt/M. 1991, S. 214: »Verfahren der Parodie.« Original, S. 146: »Practices of parody.« Wenigstens formuliert sie nicht postmodern: *Politik* der Parodie.
124 Vgl. ebd., S. 17 u. ö.
125 Ebd., S. 218. Original, S. 148: »The deconstruction of identity is not the deconstruction of politics.«) Ganz anders Levinas: »Die Politik ist der Moral so entgegengesetzt, wie die Philosophie der Naivität« (*Totalität und Unendlichkeit*, a. a. O., S. 19; im Original, S. 5: »La politique s'oppose à la morale, comme la philosophie à la naïveté«).

tatsächlich nur die amorphe Gewalt staatlich organisierten, ideologischen »WIRS«, das zum Träger der »ethischen Gewalt« mutiert. Sprechakten wie: »Ist es ein Junge oder ein Mädchen?« *performativen* Zwang zu attestieren,[126] die Akte der Politik hiervon jedoch nicht nur auszunehmen, sondern sie geradezu zu Instrumenten zu erklären, um gegen naturwüchsigen Zwang mit Staatsgewalt einschreiten zu können, dazu kann man Levinas nicht instrumentalisieren.[127] Dem dekonstruierten Subjekt zum Trotz spricht Butler allerdings von »*meiner* Überzeugung«, »*meiner* Ansicht«, »*meiner* Meinung« und »*meiner* These«.[128]

Erkenntnistheoretische Skepsis, die bei Hume revolutionär gewesen war, kehrt sich heute : **2018** : um zur *Sozialtechnologie*, in der die Projektion zu dem ward, was man politisch verbindlich MACHT. Dass die Kontrahenten in der Arena des politischen Konstruktivismus sich gegenseitig die Verbreitung von »Fake News« vorwerfen, beweist nicht, dass sie eine Wirklichkeit anerkennen, da das Kriterium, was ein »*fake*« sei, bloß darin besteht, ob es von der vorgegebenen Linie des jeweiligen ideologischen »WIRS« abweicht.

126 Judith Butler, *Das Unbehagen der Geschlechter*, a. a. O., S. 166, S. 206. Die konstruktivistische Annahme, dass die Geschlechtsbestimmung ganz unbegründet sei, verkennt die phänomenologische Notwendigkeit, dass eine Aussage auf einen Gegenstand geht. Gäbe es ihn nicht, käme es auch nicht zu irgendeiner Aussage. Insofern befindet sich der Konstruktivismus von Butler in einem performativen *Widerspruch*. Auf welche Weise gelänge die Hebamme zur Aussage, *dies* sei ein Mädchen? Vgl. das *Postskript.*
127 Siehe oben (VIII.5). – Übrigens auch Michel Foucault nicht. »Auf was man sich meiner Meinung nach beziehen muß, ist nicht das große Modell der Sprache und der Zeichen, sondern das des Krieges und der Schlacht. Die Geschichtlichkeit, die uns mitreißt und uns determiniert, ist eine kriegerische; sie gehört nicht zur Ordnung der Sprache. Machtverhältnis, nicht Sinnverhältnis.« Michel Foucault, *Wahrheit und Macht* (1976), in: ders., *Dispositiv der Macht*, Berlin 1978, S. 29. Original, S. 145: »Je crois que ce à quoi on doit se référer, ce n'est pas au grand modèle de la langue et du signes, mais de la guerre et de la bataille. L'historicité qui nous emporte et nous détermine est belliqueuse; elle n'est pas langagière. Relation de pouvoir, non relation de sens.«
128 Judith Butler, *Das Unbehagen ...*, a. a. O., vgl. z. B. S. 180f, S. 184, S. 209.

Was nun hat die Phänomenologie der Intuition dem Konstruktivismus entgegenzusetzen?[129] Obwohl Levinas' Buch zu *Husserls Theorie der Intuition* vor der gegenwärtigen Hochphase des aktuellen politisch gewendeten Konstruktivismus geschrieben ward, finden wir dort doch bereits Antworten. Jede Aussage, jede Bezeichnung, ja jedes Wort zielt auf den Kontakt mit der Wirklichkeit. Kontakt mit der Wirklichkeit, Wissen, wird dem Wort nicht »zugesetzt«, sondern macht dessen Existenz (und nicht bloß sein Wesen, seine »Essenz«) aus. Die Erkenntnis, aus der Wissen wird, entsteht mit Hilfe der Intuition, indem sie die *»unbefriedigte Absicht«* des Wortes erfüllt. Es geht in Husserls Begriff der Intuition aber nicht drum, eine angeblich durch das Denken »unverdorbene« Unmittelbarkeit der Sinnlichkeit zu behaupten, um etwas, das *vor* der Tätigkeit des Geistes oder

129 Emmanuel Levinas, *Théorie de l'intuition dans la phénoménologie de Husserl*, a. a. O., S. 106 ff: »Si les actes de la ›pure pensée‹ et du ›contact avec le réel‹ constituent la connaissance, il est clair que celle-ci n'est pas quelque chose de nouveau, se surajoutant à ce qui fait l'existence du sujet, mais elle est un de ses modes, une structure déterminée de l'intentionalité. Cependant, l'acte de pure signification n'est pas connaissance par lui-même. ›Dans la compréhension purement symbolique des mots, l'acte de signifier est bien présent, le mot signifie quelque chose, mais rien n'est encore connu.‹ La connaissance consistera dans une confirmation, par l'acte intuitif, de ce que visait *l'intention insatisfaite* de la simple signification. Alors se pose la question de savoir quelle est la structure de l'acte intuitif. Sous le titre d'actes intuitif, Husserl englobe, d'une part, la perception (présentation – Gegenwärtigung), et, de l'autre, l'imagination et la mémoire (la re-présentation – Vergegenwärtigung). Ces notions se trouvent unies, parce que les objets visés par ces actes leur sont donnés eux-mêmes, et ne sont pas seulement signifiés. Ce sont des actes ›dans lesquels les objets ... se sonnent en personne (zur Selbstgegebenheit kommen)‹. *Il ne s'agit donc pas de mettre, dans le concept de l'intuition, la notion de sensible, ni celle ›d'immédiat‹, au sens de ›donné avant toute démarche positive de l'esprit‹; il ne s'agit pas d'opposer l'intuition à la ›discursion‹,* mais d'appuyer sur le fait même que l'intuition est un acte possédant son objet. C'est cela qu'exprime le concept de ›Fülle‹, de plénitude, qui caractérise l'acte intuitif, contrepartie du ›vide‹ signalé dans l'acte significatif. La notion de plénitude exprime ce fait que les déterminations [*sic*] de l'objet sont présentes à la conscience; mais, dans la constitution immanente de l'acte intuitif, Husserl

Verstandes läge, um einen Gegensatz zur intellektuellen Auseinandersetzung, sondern um den Bezug zum Gegenstand. Dies ist es, was der Begriff »Fülle« ausdrückt, der Reichhaltigkeit, die den intuitiven Akt charakterisiert, im Gegensatz zur »Leere«, die im Akt des Nur-Bezeichnens angedeutet wird. Intuition *vergegenwärtigt*.

X

Aufgehoben.[130] — »Für den Konstruktivisten verursachen unsere Erzählungen über die Welt ihr Dasein. Rückmeldung gibt es zwar auch in seinen Theorien, aber mit raffinierter Wendung: Normalerweise besteht das Ziel darin, die Umwelt zu kontrollieren, nicht mit ihr Zwiesprache zu halten.«[131] Gemessen an Husserl ist der gegenwärtige, der politisch gewendete Konstruktivismus ein Rückschritt. Dennoch gibt es

attribue à des contenus spéciaux la fonction de représenter la plénitude de l'objet, et, ces, contenus, il les appelle encore >plénitude< (Fülle). La notion de *Fülle*, comme d'un constituant réel de l'acte, est identifiée, dans les >Log. Unt.<, avec les sensations (Empfindungen). [...] Nous [insistons] sur le fait que les sensations ne doivent pas être confondues avec les qualités de l'objet extérieur, puisque ce sont là deux réalités se trouvant sur des plans différents, l'une étant représentée et l'autre vécue. Il n'en reste pas moins vrai que, chez Husserl, les sensations sont de éléments qui, dans la vie, représentent l'objet, quoique, il est vrai, à l'aide de l'intentionalité. Elles sont caractérisées comme étant des >reflets et des ombres< (Abschattungen) de l'objet. Appelés >sensations< pour la perception (présentation), et >phantasmes< pour le souvenir et l'imagination (re-présentation), ces éléments constituent la plénitude de l'acte et sont analogues à l'objet qu'ils *représentent* dans l'imagination ou qu'ils *présentent* dans la perception. L'ensemble de *sensations* et de *phantasmes* contenus dans l'acte (car l'acte intuitif n'est pas toujours pure perception, ni pure re-présentation, mais est constitué un ensemble d'éléments perceptifs, imaginatif et autres), délimite le con-cept de >contenu intuitif de l'acte< (intuitiver Gehalt des Aktes).« (* >*discursion*< ist im Französischen selten. Levinas benutzt es an dieser Stelle wohl, um ein der »Intuition« strukturgleiches Wort entgegenzusetzen.)
130 Man beachte den dialektischen Doppelsinn des Wortes.
131 Peter Philippson, *Self in Relation*, a. a. O., S. 7. »For the constructivist, our stories about the world cause that world to come into being. Feedback exists in constructivist theories, but with a subtle twist: the aim is usually to control our environment rater than to dialogue with it.«

nach wie vor eine wichtige Aufgabe für den Konstruktivismus als Kritik: Diese Aufgabe besteht in der *Dekonstruktion*
konstruierter Wirklichkeiten, denen »Alternativlosigkeit«
attestiert wird. Oder, wie auch Adorno zugesteht: »Erst der
Idealismus« – der Vorläufer des Konstruktivismus – »hat
die Wirklichkeit, in der die Menschen leben, als eine nicht
von ihnen unabhängige und invariante durchsichtig werden
lassen«; dagegen messe die »Plötzlichkeit« der Intuition
sich »am Widerstand gegen die soziale Kontrolle«.[132]
Levinas grenzt Husserls Theorie der Intuition klar ab vom
»Mystizismus«[133] und nennt sie »Intuitivismus« anstelle
des eingeführten Begriffs »Intuitionismus«, unter dem
allerdings eine Vielzahl unterschiedlicher Ansätze gefasst
werden, gegen die Levinas Husserl in Opposition setzt.[134]
»Mystizismus« wäre es, hätte Husserl behauptet, dem Bewusstsein wohnten – aufgrund irgendeiner »natürlichen
Magie« – einige Fähigkeiten inne, die ihm den intuitiven

132 Theodor W. Adorno, *Zur Metakritik der Erkenntnistheorie*, a. a. O., vgl.
z. B. S. 40 resp. S. 53.
133 Levinas verweist auf *Reid* als Vertreter eines solchen Mystizismus und
Pradines als jemand, der auf die Parallele hingewiesen habe. Thomas Reid,
1710-1796 (Zeitgenosse von Hume, Vertreter des erkenntnistheoretischen
»Realismus«). Maurice Pradines, 1874-1958 (französischer Philosoph;
Arnold Gehlen hat sich auf seine Bewusstseins-Theorie bezogen).
134 Emmanuel Levinas, *Théorie de l'intuition dans la phénoménologie de
Husserl*, a. a. O., S. 138f: »L'intuitivism husserlien aurait [...] ›justifier tous
les mysticismes‹, s'il voulait affirmer l'existence de certains principes, in-
discutables et inhérents, – par une sorte de ›magie naturelle‹, – à la conscience. Or, il n'y a rien de magique dans l'intuitivisme husserlien. Il est le résultat de l'analyse du phénomène originaire de la vérité, analyse qui trouve
l'intuition dans toute les formes de la raison. Autrement dit, l'intuition, telle que Husserl la comprend, n'est pas un mode de connaissance immédiate,
qu'on pourrait mettre à côté des autres modes, en se prononçant sur la portée et la valeur de cette connaissance immédiate, par rapport à la connaissance médiate. L'intuition, chez Husserl, est la démarche même de la pensée vers la vérité, démarche qui est à la base de tout ce qu'on voudrait entre-
prendre pour justifier l'intuition elle-même. Avec la transformation de la
notion de la vérité, est aussi révolutionnée la notion de l'être [...]. L'être n'est
autre chose que le corrélatif de notre vie intuitive, car celle-ci ne vise pas ses
représentations, mais toujours l'être. Cette thèse se dirige non seulement, ce

Zugang zur Wahrheit ermöglichten. An Husserls Intuitivismus jedoch sei nichts »Magisches«. Er sei Ergebnis der Analyse des ursprünglichen Phänomens der Wahrheit, einer Analyse, die Intuition in allen Formen der Vernunft vorfindet. Mit anderen Worten, Intuition, wie Husserl sie versteht, ist keine Form einer unmittelbaren Erkenntnis neben anderen Formen, wobei abzuwägen wäre, welche Reichweite und welchen Wert die unmittelbare Erkenntnis im Vergleich mit der mittelbaren Erkenntnis habe. Husserls Intuition ist der Weg des Denkens zur Wahrheit, ein Weg, der auch allem zugrunde liegt, was man vorbringen könnte, um Intuition zu rechtfertigen. Mit der Transformation des Wahrheitsbegriffs wird auch der Begriff des Seins revolutioniert. Das Sein ist nichts anderes als Gegenstück zu unserem intuitiven Leben, denn dieses zielt nicht auf Stellvertretung, sondern immer auf das Sein. Diese These richtet sich nicht allein gegen einen Realismus oder einen Idealismus, der hinter den

qui va de soi, contre un réalisme ou un idéalisme qui voudrait admettre une chose en soi, derrière les phénomènes ; non seulement contre un réalisme naïf, qui admettrait une existence >mythologique< du monde donné [...], – mais aussi contre un idéalisme, plus radical, qui voudrait voir, dans l'être transcendant, une certaine construction de l'esprit, celui-ci étant indépendant de celui-là. La corrélation avec la conscience, qui fait l'être même du monde, ne signifie pas que le monde est une pure construction du sujet, suivant les règles d'une logique (analytique ou synthétique), et où la réalité, ou l'irréalité, dépendrait de la correspondance ou de la non-correspondance à ces règles. La transcendance de de l'objet, par rapport à la conscience, – cette transcendance en tant que telle – est quelque chose d'irréductible à une construction au moyen des catégories, elle ne se résout pas en relations. Autrement dit, *l'existence* du monde ne se réduit pas aux catégories qui constituent son *essence*, mais consiste dans le fait d'être, pour ainsi dire, rencontré par la conscience. Et c'est parce que la conscience est essentiellement en contact avec l'objet, que la synthèse et la constitution de l'objet, à l'aide des catégories, est elle-même possible. La spontanéité de l'esprit, le jugement, ne crée pas l'objet, mai est elle-même intelligible et possible, uniquement sur la base de l'intentionalité, sur la base de la présence originaire de la conscience devant le monde. [...] La *réduction* phénoménologique [...] tout en étant *la purification de la vie concrète, de toute interprétation naturaliste de son existence*, est aussi une prise de conscience, du fait que l'origine de l'être est dans la vie concrète de la conscience.«

Phänomenen ein kantianisches »Ding an sich« vermutet; nicht allein gegen den naiven Realismus, der der gegebenen Welt eine »mythologische« Existenz zuschreibt. Eine »absolute Realität« gilt laut Husserl »genau so viel wie ein rundes Viereck«. Mit der Ergänzung von Levinas: »*Realität* meint hier so viel wie ›Existenz eines *Dings* [an sich]‹.« Husserl wendet sich also auch gegen einen noch radikaleren Idealismus, der im Sein jenseits des Bewusstseins nur eine Konstruktion des Verstandes sehen möchte; dieser radikale Idealismus – oder eben der *Konstruktivismus* – behauptet, das Bewusstsein sei vom Sein unabhängig. Die Wechselbeziehung mit dem Bewusstsein, welche das Sein der Welt ausmacht, zeigt demgegenüber nach Husserl-Levinas nicht an, die Welt sei eine reine Konstruktion des Subjekts nach den Regeln einer (analytischen oder synthetischen) Logik, und Wirklichkeit oder Unwirklichkeit hinge von der Übereinstimmung oder der Nicht-Übereinstimmung mit diesen Regeln ab. Der Gegenstand jenseits des Bewusstseins, auf den sich das Bewusstsein bezieht – dies »Übersteigen« des Bewusstseins als solches –, ist etwas, das sich nicht auf eine Konstruktion mittels Kategorien reduzieren lässt: es löst sich nicht in Wechselverhältnissen auf. Mit anderen Worten, die *Existenz* (das Dasein) der Welt reduziert sich nicht auf Kategorien, die ihre *Essenz* (ihr Wesen) konstruieren.

Wenn Jean-Paul Sartre »seinen« berühmten Grundsatz des Existenzialismus – die Existenz gehe der Essenz voraus – nicht eher als in »*Das Sein und das Nichts*« (1943) bzw. »*Der Existenzialismus ist ein Humanismus*« (1945) formuliert hat, dann lesen wir hier – mehr als ein Jahrzehnt früher! – die Urform: und die Urform stammt dann von Levinas!

Die Tatsache des Seins besteht darin, wie Levinas sagt, vom Bewusstsein sozusagen »angetroffen« zu werden. Und weil das Bewusstsein wesentlich der Kontakt mit dem Gegenstand ist, macht es eine Synthese und eine Konstitution des

Gegenstands unter Verwendung von Kategorien überhaupt erst möglich. Die Spontaneität des Verstandes, das Urteil, erstellt nicht den Gegenstand, sondern ist ihrerseits einzig denkbar und möglich auf Grundlage der Absicht, auf Grundlage der ursprünglichen Präsenz des Bewusstseins in der Welt. Die »phänomenologische Reduktion« Husserls – will sagen: die Einklammerung allen vorgefassten Wissens und aller vorgefassten Geltungen – enthält, während *sie das konkrete Leben der naturalistischen Interpretation seiner Existenz entkleidet*, auch eine Priese des Bewusstseins für die Tatsache, dass der Ursprung des Seins im konkreten Leben des Bewusstseins zu finden sei.

XI

Antikolonialismus. — Im Angesicht von Levinas ist der gegenwärtige, politisch gewendete »Konstruktivismus« die Kolonialisierung des Andren: Eine öde Verwirklichung der kühnsten Träume der Behavioristen der 1950er Jahre und Sozialtechnologen der 1960er Jahre.

Auch noch Adorno, der eigens gegen die Sozialtechnologie angetreten ist, verfällt ihr bisweilen, so wenn er bei Husserl zum Beispiel anmahnt, »sich nicht ausreden« zu lassen, »daß das Entsprungene den Bann des Ursprungs zu brechen vermöchte«.[135] Die Adepten von Adorno übersetzten den Satz in die Ideologie, den Staat, dessen Ursprung die Gewalt ist,[136] für die Schaffung der besseren Welt in Dienst nehmen zu können. Damit aber geben sie das Bessere der Gewalt preis. Wenn die Dialektik herhalten soll, faschistische Herrschaft als *doch* grundverschieden von staatssozialistischer oder von demokratischer Herrschaft darzutun, wird sie zur Ideologie: Verschleierung der Herrschaft.

135 Theodor W. Adorno, *Metakritik der Erkenntnistheorie ...*, a. a. O., S. 47.
136 Vgl. zur Staatsentstehung: Stefan Blankertz, *Widerstand: Aus den Akten Pinker vs. Anarchy*, Berlin 2016; besonders S. 91 ff.

Den Konstruktivisten geht es um: die Verfügbarmachung von Individuen, von Gruppen, von ganzen Gesellschaften, ja von Außenwelt schlechthin für beliebige und willkürliche Modellierung. Aufgabe aber wäre ein neuer Antikolonialismus nach *innen* ebenso wie nach *außen*. Der Mensch sei unverfügbar. Hinzuweisen wäre, mit Adorno, auf die »Unmöglichkeit der isolierten Praxis des Geistes«.[137] Ohne Außen wäre auch das Innen leer, unerfüllt, ohne Fülle.

»Gewaltsam ist jede Handlung, bei der man handelt, als wäre man allein: als wäre der Rest des Universums nur dazu da, die Handlung in Empfang zu nehmen; gewaltsam ist folglich auch jede Handlung, die uns widerfährt, ohne dass wir in allen Punkten an ihr mitwirken. In diesem Sinn ist fast jede Kausalität gewaltsam; die Herstellung eines Dings, die Befriedigung eines Bedürfnisses, das Begehren und sogar das Erkennen eines Gegenstandes. Auch der Kampf und der Krieg, wo der Andere in der Schwäche verfolgt wird, die seine Person verrät. Aber Gewalt ist zu einem großen Teil auch im poetischen Delirium und im Enthusiasmus, wo wir der Muse nur einen Mund leihen, durch den sie spricht; in der Furcht und im Zittern, wo das Heilige uns aus uns selbst herausreißt; sie ist in der Leidenschaft, und sei sie Liebe, die der Flanke die Wunde eines perfiden Pfeils zufügt.«[138]

137 Ebd., S. 45.
138 Emmanuel Levinas, *Ethik und Geist* (1952), in: ders., *Schwierige Freiheit* (1963), Frankfurt/M. 1992, S. 15f. Original: *Difficile liberté*, S. 20f: »Est violente toute action où l'on agit comme si on était seul à agir: comme si le reste de l'univers n'était là que pour recevoir l'action: est violente, par conséquent, aussi toute action que nous subissons sans en être en tous points les collaborateurs. Presque tout causalité est dans ce sens violente: la fabrication d'une chose, la satisfaction d'un besoin, le désir et même la connaissance d'un objet. La lutte et la guerre aussi ou autrui est recherché dans la faiblesse qui trahit la personne. La violence est aussi, pour une grande part, dans le délire poétique et l'enthousiasme où nous n'offrons qu'une bouche à la muse que s'en sert pour parler; dans la crainte et le tremblement où le Sacré nous arrache à nous-même; elle est dans la passion, fût-elle amour, portant au flanc la blessure d'une flèche perfide.«

Levinas kritisiert, wie wir gesehen haben, sogar noch Martin Bubers Ich-Du als gewaltsame Vereinnahmung des Andren, als **Gleichmachung** durch eine unterstellte Gleichheit, als Schwächung der Andersheit des Andren. Levinas knüpft jedoch an Bubers »Aufwertung der dialogischen Beziehung« an, die er Bubers »Leistung« nennt, ebenso wie er dessen »Analysen von *Ich und Du*« als »grundlegend und wunderbar« bezeichnet.[139] Doch geht ihm die Kennzeichnung des »Du« als »nie assimilierbar« nicht weit genug; der Andre dürfe »streng genommen in keinem Erkenntnisakt Platz finden, der als solcher Zugriff, Be-Greifen, Herstellung von Objekten« sei.[140] – Solch eine Ausweitung des Begriffs der Gewalt ist übrigens nicht ganz unproblematisch (insofern sie dazu einlädt, die politische, kriminelle und religiöse Gewalt zu relativieren), aber durchaus im Sinne von Goodmans Begriff der »natürlichen Gewalt« (1945).[141] –

Ein zeitgenössischer Konstruktivist hingegen beklagt den »paradigmatischen Glauben« des Individualismus, »dass man eine andere Person nie tatsächlich kennen kann«. Und noch: »Ich muss sagen, dass ich in meiner Erfahrung Zeiten habe, in denen ich tief verspüre, eine andere Person zu kennen, manchmal sogar ›besser, als sie sich selbst kennt‹.«[142] Nach Levinas allerdings wäre die Behauptung, »eine andere

---

139 Emmanuel Levinas, *Einige Anmerkungen zu Buber*, a.a.O., S. 39f. Dies im Original, S. 128: »analyses fondamentales et admirables«.

140 Ebd., S. 38f. Im Originalton, S. 128: »C'est un ordre pleinement sensé de la relation étique, relation avec l'altérité inassimilable et, ainsi, à proprement parle, in-com-préhensible – étrangère à la saisie et à la possession –, d'autrui.«

141 In: Paul Goodman, *Einmischung: Goodman-Reader*, hg. v. Stefan Blankertz, Bergisch Gladbach 2011, S. 11ff. Der Text gehört zur unmittelbaren Vorgeschichte der Gestalttherapie.

142 Gordon Wheeler, *Jenseits des Individualismus*, a.a.O., S. 61. Original, S. 60: »Paradigmatic [is] the belief [of individualism] that you can never really know another person. [...] In my experience I have to say that at times I do have a deep sense of knowing another person, even at times of knowing and sensing them somehow ›better than they know themselves‹.«

Person zu kennen, manchmal sogar *besser, als sie sich selbst kennt*«, Urquell der Gewalt.[143] Dagegen befürchtet Levinas, der Glaube, zu wissen, was der Andre sei und was er brauche, führe dorthin, ihn zu überwältigen. Levinas witterte Gewalt, wie wir gelesen haben, gar noch in jeder Art von Kausalität, in jeder Art von Verursachungszusammenhang.

Und dennoch: Auch ihn macht man zu einem Feind des **Individualismus**. Der *Spiegel* beschrieb ihn als Philosophen, der »noch nie so aktuell war wie in der Blütezeit des neoliberalen Ego-Trips, also heute«.[144] Ein US-amerikanischer Autor meint, ihn – gemeinsam mit Theodor W. Adorno – *gegen* das Konzept von **Freiheit** als Handlungsfreiheit des Einzelnen anführen zu können; Freiheit ist für diesen Autor ein »pathologisches Konzept«: »Die Doktrin [!] der natürlichen Freiheit dient dazu, sozial hergestellte Ungerechtigkeit zu maskieren und zu rechtfertigen.« Sie, *die Doktrin der Freiheit*, sei »das Symptom und die Maske, wenn nicht das Gift selbst, der sozialen Bedingung, die angemessenerweise als eine krankhafte Vergötzung allgemeiner und politischer Freiheit bezeichnet wird«.[145]

Aber wie wäre es denkbar, **Verantwortung** hierfür zu übernehmen, dass in dem Antlitz des Andren, wie Levinas sagt,

143 »Der Andere wird auf dem Weg der Sympathie als ein anderes Ichselbst, als ein *alter ego* erkannt«, kritisiert Levinas (*Die Zeit und der Andere* [1947], Hamburg 2003, S. 55). Im Original, S. 74: »L'autre est connu par la sympathie, comme un autre moi-même, comme l'*alter ego*.« Dies sei eine Mahnung an alle, die auf »Empathie« und »Spiegelneuronen« setzen. Sie *vernichten*, per Gedanken, den Andren.

144 Mathias Schreiber, *Der Blick des Anderen*, in: Der Spiegel 3/2006, auf S. 144.

145 Eric S. Nelson, *Against Liberty: Adorno, Levinas, and the Pathologies of Freedom*, in: Theoria, 59. Jg. Nr. 131 (2012), S. 64ff. Damit klar ist, dass er wirklich jede Form von Freiheit meint, nutzt der Autor bereits im Titel sowohl »*liberty*« (Begriff der politischen Freiheit) als auch »*freedom*« (allgemeiner Freiheitsbegriff). – S. 79: »The doctrine of natural liberty serves to mask and justify socially contrived injustice. [... It is] the symptom and mask, if not the poison itself, of a social condition appropriately described as the pathology of freedom and idolatry of liberty.«

»töte mich nicht« zu lesen wäre? Kollektive Verantwortung gibt es nicht anders, als dass jede Person, die Mitglied des Kollektivs ist, jeder Einzelne, jeder Einzige, jedes Ich, jedes Selbst SELBST Verantwortung übernimmt. Die »ethische Verantwortung«, sagt Levinas, bedeute nicht nur, aber auch, »dass niemand für mich, der ich verantwortlich bin, einspringen kann«.[146] Die Kraft seiner Philosophie und seiner Ethik nimmt Levinas (wie Adorno) aus der Erfahrung mit dem nationalsozialistischen Kollektivismus, mit jener grausamen Verwirklichung der Formel von »Gemeinwohl vor Eigenwohl«. Massen, auch die demokratisch konstituierten Massen,[147] haben stets die Tendenz, ein WIR-Gefühl herzustellen, welches einerseits sich alles das, was als »anders« empfunden wird, einverleibt und andererseits dasjenige, das *nicht* sich »einverleiben« lässt, überrollt und zu vernichten trachtet. Verantwortung – *Mein*-Haftigkeit (¿Wahrhaftigkeit? ¿Wehrhaftigkeit?) – ist bei Levinas, wie übrigens auch bei Adorno und wie nicht anders bei Fritz Perls (1883-1970) und bei Paul Goodman, eine *individualistische* Kategorie, die sich *gegen* das »WIR« der Konfluenz stellt (stellen *muss*) und gegen den Strom schwimmt. Levinas spricht von einer »unabweisbaren Verantwortung, als riefe mich der Nächste

146 Emmanuel Levinas, *Martin Buber, Gabriel Marcel und die Philosophie,* a. a. O., S. 30. Original, S. 507: »La responsabilité éthique qui signifie aussi que personne ne peut substituer à moi lorsque c'est moi qui suis responsable: je ne peux me dérober devant l'autre homme, je suis je par cette unicité, je suis je comme si j'étais élu.«
147 Vergessen wir niemals, dass der Nationalsozialismus eine ursprünglich vor allem demokratisch konstituierte Masse war. Vgl. Stefan Blankertz, *Die Katastrophe der Befreiung: Faschismus und Demokratie,* Berlin ²2015. Die legalistische Antwort der Nachkriegszeit, man müsse Bewegungen, die die Demokratie abschaffen wollten, verbieten, täuscht darüber hinweg, dass die Demokratie der Herstellung *und* Mobilisierung von aggressiven Mehrheitsmassen bedarf und daher niemals in der Lage sein kann, die Geister, die sie rief, in die Schranken zu weisen. In Abwandlung eines berühmten Satzes von Adorno muss es heißen: »Wer vom Faschismus reden will, darf vom **Etatismus** nicht schweigen.« Dass der Staat, seinen Verbrechen zum Trotz, noch hoch im Kurs steht, deutet auf interessenbewehrte Ideologie.

ganz dringend und zwar nur mich, als wäre ich als einziger davon betroffen«.[148]

Der »Spiegel« wie der Mainstream allüberall dürfen aber *quasi* natürlich und *wie* selbstverständlich davon ausgehen, »WIR« in Westeuropa und in Nordamerika lebten bereits in einer »liberalen« individualistischen Gesellschaft, deren Abgründigkeit nicht oft genug angeprangert werden könne; unterdessen geht die »Europäische« Union in genau diesem Moment daran, irgendeine weitere Alltagshandlung zu regulieren. Dass es sich hierbei um wie auch immer strukturell stark verschleierte, *ethische*, Gewalt handelt, will niemand wissen. Levinas, er hätte es gewusst! RIP.

148 Emmanuel Levinas, *Einige Anmerkungen zu Buber*, a. a. O., S. 43. – Im Original, S. 130: »Responsabilité incessible, comme si le prochain m'appelait avec urgence et n'en appelait qu'à moi, somme si j'étais seul concerné.«

Postskript
PERFORMATIVITÄT & GEWALT

»In der Tiefe bringt uns das Denken von Emmanuel Levinas
zum Erzittern.«
Jacques Derrida, 1964.[149]

»Nicht Ich bin es, der sich dem System verweigert, sondern
der Andere.«
Emmanuel Levinas, 1961.[150]

§ 1

Judith Butler sagt, die Antwort der Hebamme auf die Frage
nach der Geburt: »Ist es ein Junge oder ein Mädchen?« sei
nicht bloße Tatsachenfeststellung, vielmehr »performativer
Sprechakt«.

§ 2

Performative Sprechakte sind Sätze, die nicht nur etwas aussagen, sondern auch etwas *bewirken.* Hierzu zählen Bitten,
Aufforderungen, Befehle, Drohungen sowie Erpressungen.

149 Jacques Derrida, *Gewalt und Metaphysik: Essay über das Denken Emmanuel Levinas'* (1964), in: ders., *Die Schrift und die Differenz,* Frank-
furt/M. 1976, S. 126. Original, S. 122: »C'est à cette profondeur que nous
ferait trembler la pensée d'Emmanuel Levinas.« Dieser Essay gehört zu den
ersten Würdigungen des Werkes von Levinas in Frankreich. Derrida blieb
Levinas verbunden, nahm aber mitunter auch eine kritische Haltung ein.
Ich sehe Levinas durch die Brille von Derrida, besonders in Bezug auf sein
Verhältnis zu Husserl, gebe aber Levinas gegen Derrida recht.
150 Emmanuel Levinas, *Totalität und Unendlichkeit,* a. a. O., S. 46f. Und im
Original auf S. 10: »Ce n'est pas moi qui me refuse au système, comme le
pensait Kierkegaard, c'est l'Autre.«

Die Theorie der Performativität weist darauf hin, dass vieles, wenn nicht gar alles, um uns herum mit dem zu tun habe, *was* und *wie* wir darüber sprechen. Sie zeigt, inwiefern »die Wirklichkeit, in der die Menschen leben«, von ihnen nicht »unabhängig und invariant« ist.[151] Ein klarer Fall, in dem ein performativer Sprechakt das überhaupt erst schafft, was er aussagt, ist ein (staatliches) Gesetz. Der Gesetzgeber, egal ob ein einzelner Herrscher oder demokratisches Parlament, setzt durch die Verkündigung einer Regel den Tatbestand einer Aufforderung zu einer Handlung bzw. eines Verbots derselben, wobei jeder Verstoß geahndet wird. Ein anderes Beispiel für einen performativen Sprechakt ist etwa die Entscheidung eines Landbesitzers, auf seinem Grundstück ein Haus zu bauen oder einen Garten anzulegen: Diese *Objekte* waren zuvor nicht vorhanden. Die beiden Beispiele zeichnen sich durch einen fundamentalen Unterschied aus, der in der weiteren Diskussion noch eine wichtige Rolle spielen wird: In beiden Fällen handelt es sich zwar um performative Akte, im Beispiel des Gesetzes aber um einen solchen, der *Zwang* beinhaltet, im Beispiel des Hausbaus oder der Gartenanlage hingegen um einen, der *freiwillig* stattfindet.

§ 3

Handelt es sich bei der Aussage der Hebamme: »Es ist ein Mädchen!« um einen performativen, ja *direktiven* Sprechakt, wie Judith Butler es behauptet?[152] Die spontane Antwort wird sicherlich negativ ausfallen, denn die Hebamme entscheidet die Frage, ob es bei dem Neugeborenen sich um

---

151 Theodor W. Adorno, *Metakritik der Erkenntnistheorie* ..., a. a. O., S. 40, vgl. oben, These X.

152 Judith Butler, *Körper von Gewicht* (1993), Frankfurt/M. 1997, S. 318. Original, S. 232: »The initiatory performative, ›It's a girl!‹ anticipates the eventual arrival of the sanction, ›I pronounce you man and wife‹. [...] The naming of the ›girl‹ [...] initiates the process by which a certain ›girling‹ is compelled.«

einen Jungen oder ein Mädchen handelt, nicht aus Willkür, vielmehr aufgrund von *Anzeichen*, die nicht in ihrem Machtbereich stehen. Ihrem SELBSTbewusstsein nach trifft sie eine Aussage über eine *Tatsache* und nimmt eben gerade keinen performativen Akt vor.[153]

§4

Allerdings stößt die meist so unbefragt vor sich gehende Geschlechtszuweisung dann an Grenzen, wenn entweder die äußeren Anzeichen, welche das Kriterium der Entscheidung bilden, nicht *eindeutig* sind oder das Kind zu einem *späteren* Zeitpunkt in einen Konflikt mit dem ihm zugewiesenen Geschlecht bzw. der mit ihm verbundenen sozialen Rolle gerät. Insofern enthält die Aussage: »Es ist ein Mädchen!« über die Tatsachenfeststellung hinaus auch den Aufforderungscharakter: »Werde ein Mädchen!« Solche Vorkommnisse, die Tatsachen sind, bilden für Butlers Argument den Hintergrund. Hiermit legt sie für die Definition einer Kategorie (in diesem Fall der kategorialen Unterscheidung von *maskulin* und *feminin*) ein striktes Kennzeichen zugrunde. Dies muss man nicht tun; Thomas von Aquin etwa sagt, die Definition des Wesens einer Sache richte danach sich, was »üblicherweise«, nicht danach, was bloß ausnahmsweise der Fall sei.

§5

Im Jahre 2000 schilderte der Journalist John Colapinto den Fall des »*Jungen, der als Mädchen aufwuchs*«, der englische Titel lautete etwas provokativer: »*As Nature Made Him: The*

153 »Anzeichen« heißt laut Husserl (*Logische Untersuchungen* II.1 [1901], Husserliana, Bd. 19.1, S. 32), »daß irgendwelche Gegenstände oder Sachverhalte, von deren Bestand jemand aktuelle Kenntnis hat, ihm den Bestand gewisser anderer Gegenstände oder Sachverhalte in dem Sinne anzeigen, daß die Überzeugung von dem Sein der einen von ihm als Motiv [...] erlebt wird für die Überzeugung oder Vermutung vom Sein der anderen.« Es muss nicht, aber *kann* Ausdruck sein für eine objektive Bedeutung.

Boy Who Was Raised as a Girl«. Es geht um einen Jungen, dessen Geschlechtsorgan im Alter von acht Monaten durch einen Kunstfehler bei der aus medizinischen Gründen vorgenommenen Beschneidung verstümmelt wurde. Den verzweifelten Eltern rieten die Ärzte, ihr Kind als ein Mädchen aufwachsen sowie dann, während der Pubertät, hormonell behandeln und umoperieren zu lassen. Das Kind und seine Eltern wurden die Zeit über psychotherapeutisch begleitet. Allerdings hat sich das Kind und später der Erwachsene nie mit dem weiblichen Geschlecht identifiziert und wieder in einen **Mann** sich verwandelt.

§ 6

In diesem Fall hatte der performative Akt der Aufforderung: »Werde ein Mädchen!« durchaus – tragische – Folgen für das Kind, ließ sich letztlich aber durch den *Widerstand*[154] des Objekts nicht verwirklichen; das Objekt ist zum *Subjekt* geworden. Obwohl dieser Fall *formal* ganz auf der Linie der Argumentation von Butler liegt, performative Sprechakte bei der Geschlechterzuweisung zu problematisieren, spricht er *inhaltlich* die ihr genau entgegengesetzte Sprache: Es ist eben nicht »beliebig« möglich, durch performative Sprechakte einem Kind das Geschlecht *zuzuweisen*. Judith Butler hat sich – vor dem Suizid dieses unglücklichen Mannes – mit dessen Fall beschäftigt,[155] jedoch zur Verteidigung ihrer Theorie bloß das eher schlappe Argument vorgebracht, das zugewiesene Geschlecht sei nicht lückenlos von der Umwelt geteilt worden. Wenn es zur Aufrechterhaltung eines zuge-

154 Intuition sei »am Widerstand gegen die soziale Kontrolle« zu messen: Theodor W. Adorno, *Zur Metakritik der Erkenntnistheorie* ..., a. a. O., S. 53.
155 Judith Butler, *Undoing Gender*, New York 2004, S. 59-74. Später nahm sie zum Suizid Stellung, indem sie ihn als Reaktion auf eine gesellschaftlich nicht anerkannte sexuelle Ambiguität erklärte. Da sei nicht der Hund begraben, vielmehr: dass die Geschlechtszuweisung bis zum gewissen Grade *unverfügbar* **ist**. Konstruktivist_innen werden dies nie begreifen.

wiesenen Geschlechts der *Totalität* von Umweltreaktionen bedürfte, müsste allerdings ein jeder Tadel, gerichtet an ein Mädchen, »du benimmst dich ja wie ein Junge«, unmittelbar und »direktiv« zur Auflösung der Identität führen, was bekanntlich nicht der Fall ist. Wir wissen – alle wissen es, die es je mit Kindern und Erziehung zu tun hatten –, dass es eine totale *Kontrolle* der Umwelt über individuelle Reaktionen nicht gibt: Die Unverfügbarkeit des Andren ist zum Guten – andernfalls wäre Widerstand schlechthin unmöglich – wie zum Schlechten Wirklichkeit.

§ 7

Für Butler müsste »der Andre« das Gesicht der Heterosexuellen sein, analog dazu, dass sie bei Levians eingefordert hat, im Palästinenser den Andren zu erblicken.[156]

§ 8

Verallgemeinert lässt sich mit der skizzierten Phänomenologie von Husserl auf Butler antworten: Jeder Sprechakt hat eine »Intention« und diese Absicht richtet sich immer auf einen Gegenstand.[157] Auch dem Akt der Gesetzgebung, mit dem ich diese Diskussion eröffnet habe, eignet ein Gegenstand: Der Gesetzgeber will »etwas« erreichen, einen Missstand beheben oder einen vermeintlichen Wert durchsetzen. Erreicht das erlassene Gesetz die Absicht nicht, *ist es gescheitert.* Die Wirklichkeit kann, wie Husserl sagt, die Absicht »enttäuschen«.[158] Ohne den Missstand oder den Wert, ohne die Absicht, jenen zu überwinden und diesen zu

---

156 Vgl. oben, These VIII.5.
157 Die »intentionale Analyse« ist es, die Levinas 1961 trotz inzwischen kritischer Distanz zu Husserl als »Substanz« seiner Lehre über die Zeit retten will: Emmanuel Levinas, *Totalität und Unendlichkeit*, a.a.O., S. 31. Original, S. 14: »l'enseignement essentiel de Husserl«. Zitiert bei Derrida *Metaphysik und Gewalt*, a.a.O., S. 180, im Original, S. 174.
158 Vgl. oben, These VII.

verwirklichen, sowie ohne die Vorstellung, die Absicht mit *diesem* Gesetz zur Wirklichkeit werden lassen zu können, käme ein Akt der Gesetzgebung niemals zustande, denn es gäbe kein Kriterium, *was* zu tun sei. Der performative Akt der Geschlechtszuweisung folgt unzweifelhaft auch jener Absicht, die Zweigeschlechtlichkeit aufrecht zu erhalten; in diesem Sinne behält Judith Butler sicherlich Recht. Wenn er allerdings nicht ebenso die Absicht verfolgen würde, eine Tatsache festzustellen, würde ihm das Kriterium für die Entscheidung fehlen und er könnte als Aussage nicht zustande kommen: Er wäre dann nur möglich als ein gewillkürter Akt der Aufforderung in Absehung des Neugeborenen SELBST, in welchem etwa ein Zufallsgenerator dem Neugeborenen das Geschlecht zuweisen müsste.

§ 9

Über die Wirklichkeit zu sprechen, produziert – *performt* – die Wirklichkeit, allerdings nicht im sprichwörtlichen luft-leeren Raum. Wenn das Sprechen sich nicht an der Wirklichkeit als dem, was, wie Ludwig Wittgenstein (1889-1951) sagt, der Fall ist,[159] orientiert, wird es zu **Gewalt**. Die Gleich-setzung von »performativ« und »erzwungen«, die Judith

159 Ludwig Wittgenstein, *Der Tractatus logico-philosophicus* (1918), Frank-furt/M. 1968, S. 11. – Was der Fall ist, liegt natürlich nicht so ohne weiteres auf der Hand. Husserl spricht (*Cartesianische Meditationen*, a. a. O., S. 134) von »transzendenten Gegenständen« der sinnlichen Wahrnehmung. Dass der Stab, den ich als gerade ertaste (und sehe), der aber ins Wasser getaucht gebrochen erscheint, ein und derselbe ist, ist etwas, das ich (worauf Hume hingewiesen hat) nicht wahrnehmen kann. Es bedarf einer Synthese. Die von Husserl nicht benannte (¿aber mitgedachte?) Bedingung der Synthese ist, dass es »meine« bleibt und ihre intersubjektive Verbindlichkeit nur dadurch erlangt, dass die *alter egos* zum gleichen Schluss wie ich gelangen. Ob die Willkür eines einzelnen Diktators oder die einer demokratischen Mehrheit: Es ist möglich, eine Sichtweise gewaltsam vorzuschreiben. Dies bleibt Gewalt, auch wenn es sich bei der vorgeschriebenen Sichtweise um eine solche handelt, mit der eine möglicherweise falsche oder hinderliche gesellschaftliche Sichtweise korrigiert werden soll. Die gewaltsame Unter-drückung z. B. einer unterdrückerischen Religion befreit niemanden.

Butler vornimmt, ist falsch. Bei der Diskussion von Gender-theorie handelt es sich ebenfalls um »performative Sprech-akte«. Wenn sie an jener Gleichsetzung festhalten wollte, müsste sie zugeben, dass sie unmittelbar Gewalt ausübt.

§ 10

Was aber *ist* Gewalt? In Derridas – und Frankreichs – erster kritischer Würdigung des Denkens von Levinas fasst jener die Lehre von diesem in Worten zusammen, die zunächst nach nichts klingen, als dass sie so lange mit Schmalz auf-gepumpt wurden, bis sie besten: »Die Gewalt wäre [...] die Einsamkeit eines stummen Blicks, eines sprachlosen Ge-sichts, die *Abstraktion* des Sehens.«[160] Ist dies nicht die Miss-achtung der *wirklichen, realen* sowie *konkreten* Bedrängnis und Schändung des Körpers des Andren[161] in der Gewalt als Ahndung seines Beharrens auf seiner Andersheit, seines Un-willens, sich durch die Drohung mit Gewalt auf *meine* Linie zwingen zu lassen? Da der Fremde das *einzige* Wesen ist, wie Levinas sagt, das ich töten *wollen* kann;[162] was deutlich wird in Beziehungstaten, die sich dann ereignen, wenn der Intim-partner *fremd* geworden zu sein scheint, das heißt, den Kon-fluenzvertrag[163] aufgekündigt hat. Der Blick wird getrübt,

160 Jacques Derrida, *Gewalt und Metaphysik*, a.a.O., S. 152. Im Original, S. 147: »La violence serat donc la solitude d'un regard muet, d'un visage sans parole, *l'abstraciton* du voir.«
161 Darum wäre es allenfalls in »ruinierter Metapher« möglich, davon zu sprechen, »*sich* Gewalt anzutun« (Derrida, ebd., S. 197 u. ö.; im Original, S. 190: »*se faire* violence«). Wenn Adorno: Buber vorwirft, dass bei ihm die Gesellschaft (als Bedingung der Möglichkeit individuellen Handelns) nicht vorkomme, so gilt dies nur oberflächlich betrachtet nicht für Derrida. Er ruft zwar rituell die Geschichte an, aber die Gesellschaft *als konkret öko-nomisch-kratisches Verhältnis* hat bei ihm ebensowenig Platz. Wie verhält es sich bei Judith Butler? Fetzen der Tradition. Lumpen des Teufels.
162 Emmanuel Levinas, *Ist die Ontologie fundamental?* (1951), in: ders., *Die Spur des Anderen*, a.a.O., S. Original, S. 96: »Autrui est le seul être que je peux vouloir tuer.« (Zitiert bei Derrida, S. 159; dort wird *autrui* mit »der Fremde« und nicht »der Andere« übersetzt; im Original, S. 154).
163 Der gestalttherapeutische Begriff der *Konfluenz* entspricht in etwa dem

bleibt mithin einsam: Der Blick der Gewalt macht stumpf und, wenn man so will, abstrakt. Insofern *ist* Gewalt in der Tat »die Einsamkeit eines stummen Blicks«.

§ 11

Und er ereilt auch Levinas selbst. Anders als Buber[164] musste er »die Thora mehr lieben als Gott« zum »Schutz vor dem Wahn eines unmittelbaren Kontakts mit dem Heiligen ohne vermittelnde Gründe«.[165] Das will doch sagen: *Furcht vor dem Antlitz Gottes* zu haben. Auf welcher Seite steht Judith Butler? Steht Jacques Derrida? Stehst **Du**? Das sei die alles entscheidende *Jacquestion*.

der *Kohärenz* bei Levinas. In Kohärenz »verflüchtigt sich das einzigartige Ich des Denkers. Die Aufgabe der Sprache liefe dann darauf hinaus, das ›Andere‹ zu unterdrücken, weil es diese Kohärenz zerbricht und eben dadurch irrational ist. Eigentümliches Ergebnis: Die Sprache bestünde darin, das Andere zu unterdrücken, indem sie es mit dem Selben harmonisiert!« Emmanuel Levinas, *Totalität und Unendlichkeit*, a.a.O., S. 98 f. Im Original, S. 70: Dans »cohérence se volatise le moi unique du penseur. La fonction du langage reviendrait à supprimer ›l'autre‹ rompant cette cohérence et, par là même, essentiellement irrationnel. Curieux aboutissement: le langage consisterait à supprimer l'Autre, en le mettant d'accord avec le Même!«
164 Siehe oben, These VIII.6.
165 Emmanuel Levinas, *Die Thora mehr lieben als Gott* (1955), in: ders., *Schwierige Freiheit*, a.a.O., S. 112. Original S. 192: »... protection contre la folie d'un contact direct avec le Sacré sans la médiation de raisons.« (Zitiert bei Derrida, S. 157: »Schutz vor dem Wahnsinn eines direkten Kontaktes mit dem Heiligen«. Im Original, S. 151.)

Skript: Cornelia Muth. Regie: Stefan Blankertz.

Antonio da Correggio 1489-1534
Die Heilige Nacht Ausschnitt

zwischen 1522 und 1530
Öl auf Pappelholz, 256,5 × 188 cm
Gemäldegalerie Alte Meister, Dresden
(*gemeinfrei* The Yorck Project)

LITERATUR

Adorno, Theodor W., *Traumprotokolle*, Frankfurt/M. 2005.

Adorno, Theodor W., & Horkheimer, Max, *Dialektik der Aufklärung* (1947), Frankfurt/M. 1969.

Adorno, Theodor W., *Zur Metakritik der Erkenntnistheorie: Studien über Husserl und die phänomenologischen Antinomien* (1934-1937, die Erstveröffentlichung erfolgte 1956), Frankfurt/M. 1990.

Adorno, Theodor W., *Jargon der Eigentlichkeit: Zur deutschen Ideologie*, Frankfurt/M. 1964.

Atterton, Peter, u. a. (Hg.), *Levinas & Buber: Dialogue & Difference*, Pittsburgh 2004.

Augustinus, *Der Gottesstaat* (413-426), z. B. München 1977 (Bd. 1), 1978 (Bd. 2).

Barnes, Harry Elmer, *Perpetual War for Perpetual Peace* (1953), New York 1963.

Bedorf, Thomas, u. a. (Hg.), *Verfehlte Begegnung: Levinas u. Sartre als philosophische Zeitgenossen*, in: Übergänge, Bd. 54 (2005).

Blankertz, Stefan, *Gestalttherapie Essentials: Das wichtigste aus dem Grundlagenwerk von Perls, Hefferline und Goodman*, Köln 2012.

Blankertz, Stefan, *Anarchokapitalismus: Gegen Gewalt*, Berlin 2015.

Blankertz, Stefan, *Die Katastrophe der Befreiung: Faschismus u. Demokratie*, Berlin ²2015.

Blankertz, Stefan, *Minimalinvasiv*, Berlin ²2015.

Blankertz, Stefan, *Thomas von Aquin: Die Nahrung der Seele*, Berlin ²2015.

Blankertz, Stefan, *Die Geburt der Gestalttherapie aus dem Geiste der Psychoanalyse Sigmund Freuds*, Berlin 2016.

Blankertz, Stefan, *Widerstand: Aus den Akten Pinker versus Anarchy*, Berlin 2016.

Blankertz, Stefan, *Kurt Lewins Kritik der Ganzheit*, Berlin 2017.

Botbol-Baum, Mylene, *Heteronomy as Condition for Freedom in Levinas' and Sartre's Ethics* (1993). Dissertation.

Bourel, Dominique, *Martin Buber: Was es heißt, ein Mensch zu sein* (2015), Gütersloh 2017.

Böhme, Hartmut, und Böhme, Gernot, *Das Andere der Vernunft: Zur Entwicklung von Rationalitätsstrukturen am Beispiel Kants* (1983), Frankfurt/M. 1985.

Breyer, Thiemo, *Erfüllung*, in: Husserl-Lexikon, Darmstadt 2010, S. 89-91.

Buber, Martin, *Gemeinschaft*, (1919), in: ders., *Pfade in Utopia* und andere Schriften, Heidelberg 1985.

Buber, Martin, *Der große Maggid* (1922), Frankfurt/M. 1992.

Buber, Martin, *Ich und Du* (1923), in: ders., *Das dialogische Prinzip*, Gütersloh 1986.

Buber, Martin, *Philosophische und religiöse Weltanschauung* (1928), in: ders., *Nachlese* (1965), Gerlingen ³1993, S. 117-124.

Buber, Martin, *Königtum Gottes* (1932), Heidelberg 1956.

Buber, Martin, *Zu Bergsons Begriff der Intuition* (1944), in: ders., Werke I: Schriften zur Philosophie, München-Heidelberg 1962, S. 1071 ff.

Buber, Martin, *Das Problem des Menschen* (1948), Heidelberg ⁵1982.

Buber, Martin, *Pfade in Utopia* (1950), Heidelberg 1985.

Buber, Martin, *Begegnung: Autobiographische Fragmente*, Stuttgart 1960.

Buber, Martin, *Samuel and Agag* (1960), in: Atterton, Peter, u.a. (Hg.), *Levinas & Buber: Dialogue & Difference*, Pittsburgh 2004.

Buber, Martin, *Philosophical Interrogations* (1964), in: Werkausgabe Bd. 12: Schriften zur Philosophie und Religion, Gütersloh 2017, S. 817-855.

Buber, Martin, *Ein Land und zwei Völker: Zur jüdisch-arabischen Frage* (Artikel, Essays, Briefe, Interviews, Aufrufe im Umfeld der Staatsgründung Israels), Frankfurt/M. 1993.

Butler, Judith, *Das Unbehagen der Geschlechter*, Frankfurt/M. 1991. Original: *Gender Trouble*, New York 1990.

Butler, Judith, *Körper von Gewicht: Die diskursiven Grenzen des Geschlechts*, Berlin 1995. Original: *Bodies That Matter*, New York 1993.

Butler, Judith, *Undoing Gender*, New York 2004.

Butler, Judith, *Kritik der ethischen Gewalt*, Frankfurt/M. 2007.

Butler, Judith, *Precarious Life and the Obligations of Cohabitation*, Stockholm 2011.

Carnap, Rudolf, *Überwindung der Metaphysik durch logische Analyse der Sprache*, in: Erkenntnis, Bd. 2 (1931).

Cimino, Antonio, *Phänomenologie u. Vollzug: Heideggers performative Philosophie des faktischen Lebens*, Frankfurt/M. 2013.

Ciprotti, Nicola, *Hintikka on Descartes's Cogito*, in: Nordicum-Mediterraneum, 4. Jg. Nr. 1 (2009).

Colapinto, John, *Der Junge, der als Mädchen aufwuchs*, München 2000. Im Original: *As Nature Made Him: The Boy Who Was Raised As a Girl*, New York 2000.

Derrida, Jacques, *Gewalt und Metaphysik: Essay über das Denken Emmanuel Levinas'* (1964), in: *Die Schrift und die Differenz*, Frankfurt/M. 1976, S. 121-235. Original: *Violence et métaphysique: Essai sur la pensée d'Emmanuel Levinas*, in: ders., *L'écriture et la différence*, Paris 1967.

Derrida, Jacques, *Die Stimme und das Phänomen: Ein Essay über das Problem des Zeichens in der Philosophie Husserls* (1967), Frankfurt/M. 2003.

Derrida, Jacques, *Adieu* (1997), München 1999.

Descartes, René, *Meditationen über die Erste Philosophie* (1641), z. B. Hamburg 2009.

Devereux, Georges, *Angst u. Methode in den Verhaltenswissenschaften*, München 1973. Original: *From Anxiety to Method in the Behavioral Sciences*, Den Haag - Paris 1967.

Eisenstadt, Oona, *Levinas & Adorno: Universalizing the Jew after Auschwitz*, in: Journal of Jewish Thought and Philosophy, 14. Jg. Nr. 1 (2006).

Ellmeier, Andrea, u. a. (Hg.), *Ratio u. Intuition: Wissen/s/kulturen in Musik, Theater, Film*, Wien 2013.

Espinet, David, & Steffen, Frank, *Originarität*, in: Gander, Helmut (Hg.), Husserl-Lexikon, Darmstadt 2010, S. 220-223.

Farges, Julien, *L'esthétique, l'intuitif et l'empirique: La refonte husserlienne de l'esthétique transcendantale*, in: Research in Hermeneutics, Phenomenology & Practical Philosophy, 8. Jg. Nr. 2 (2016).

Fichte, Johann Gottlieb, *Die erste Einleitung in die Wissenschaftslehre*, in: ders., *Erste und zweite Einleitung in die Wissenschaftslehre* (1797), Hamburg 1961.

Foucault, Michel, *Wahrheit und Macht* (1976), in: ders., *Dispositiv der Macht*, Berlin 1978. Original: *Entretien avec Michel Foucault*, in: *Dits et écrits par Michel Foucault*, Bd. 3, Paris 1994.

Friedman, Maurice, *Buber and Levinas: An Ethical Query*, in: Atterton, Peter, u. a. (Hg.), *Levinas & Buber: Dialogue & Difference*, Pittsburgh 2004.

Fröse, Marlies W., u. a., *Emotion und Intuition in Führung und Organisation*, Wiesbaden 2015.

Fuhr, Reinhard, und Gremmler-Fuhr, Martina, *Gestalt-Ansatz: Grundkonzepte und -modelle aus neuer Perspektive*, Köln 1995.

Gigerenzer, Gerd, *Bauchentscheidungen: Die Intelligenz des Unbewussten und die Macht der Intuition*, München 2008.

Goodman, Paul, *Drawing the Line* (1945), in: ders., *Drawing the Line Once Again: Paul Goodman's Anarchist Writings*, Oakland 2010.

Goodman, Paul, mit Fritz Perls und Ralph Hefferline, *Gestalt Therapy*, New York 1951.

Goodman, Paul, *Einmischung: Goodman-Reader*, Bergisch Gladbach 2011.

Günzel, Stephan, *Maurice Merleau-Ponty: Werk und Wirkung – Eine Einführung*, Wien 2007.

Haag, Johannes, & Wild, Markus, *Übergänge, diskursiv oder intuitiv?*, Frankfurt/M. 2013.

Hasselmann, Varda, *Intuition als Ratgeber*, DVD, München 2015.

Hasselmann, Varda, und Smolke, Frank, *Welten der Seele*, München [10]1993.

Hasselmann, Varda, und Smolke, Frank, *Die sieben Archetypen der Angst: Die Urängste des Menschen erkennen, verstehen, behandeln*, München [2]2009.

Heil, Joachim, *Wenn die Freiheit ins Denken einfällt: Fremd- und Eigenverantwortlichkeit bei Immanuel Kant u. Emmanuel Levinas*, London 2004.

Hintikka, Jaakko, *»Cogito, ergo sum«: Inference or Performance?*, in: Philosophical Review, 71. Jg. Nr. 1 (1962).

Hipólito, Inês, *Proof Phenomenon as a Function of the Phenomenology of Proving*, in: Progress i. Biophysics a. Molecular Biology, 119. Jg. Nr. 3 (2015).

Hopkins, Burt C., *Manifold, Intuition, and Synthesis in Kant and Husserl*, in: Logical Analysis & History of Philosophy, 16 Jg., S. 264-307 (2013).

Horkheimer, Max, *Kritik der instrumentellen Vernunft* (1947), in: ders., *Gesammelte Schriften*, Bd. 6, Frankfurt/M. 1991.

Hume, David, *Traktat über die menschliche Natur* (1740), Hamburg 1973.

Hume, David, *Eine Untersuchung über den menschlichen Verstand* (1748), Frankfurt/M., 2007.

Husserl, Edmund, *Husserliana*, hg. durch das »Husserl-Archiev« in Leuven, Den Haag 1950-2014 (Martinus Nijhoff), seitdem beim Springer-Verlag (diverse Verlagsorte).

Husserl, Edmund, *Méditations cartésiennes: Introduction à la phénoménologie*, Paris 1980. (Vortrag 1929.)

Kant, Immanuel, *Kritik der reinen Vernunft* (1871), z. B. Stuttgart 1986.

Kant, Immanuel, *Prolegomena zu einer jeden künftigen Metaphysik, die als Wissenschaft wird auftreten können* (1783), z. B. Hamburg 2001.

Kant, Immanuel, *Grundlegung der Metaphysik der Sitten* (1785), z. B. Stuttgart 1980.

Levinas, Emmanuel, *Théorie de l'intuition dans la phénoménologie de Husserl*, Paris 2010. Englisch: *The Theory of Intuition in Husserl's Phenomenology*, Evaston 1995. (Dissertation 1930.)

Levinas, Emmanuel, *Die Zeit und der Andere* (1947), Hamburg 2003. Im Original: *Le temps et l'autre*, Paris 1983.

Levinas, Emmanuel, *Ist die Ontologie fundamental?* (1951), in: ders., *Die Spur des Anderen*, Freiburg 1983. Original: *L'ontologie est-elle fondamentale?*, in: Revue de métaphysique et de morale, 56. Jg. Nr. 1 (1951).

Levinas, Emmanuel, *Die Thora mehr lieben als Gott* (1955), in: *Schwierige Freiheit*, Frankfurt/M. 1992. Original in: Ders., *Difficile liberté: Essais sur le Judaïsme*, Paris 1976.

Levinas, Emmanuel, *Totalität und Unendlichkeit: Versuch über die Exteriorität* (1961), Freiburg 1987. Original: ders., *Totalité et infini: Essai sur l'extériorité*, Den Haag 1971.

Levinas, Emmanuel, *Transcendance et Hauteur* (1962), in: ders., *Liberté et Commandement*, Paris 1994.

Levinas, Emmanuel, *Ethik und Freiheit* (1963), in: ders., *Schwierige Freiheit*, Frankfurt/M. 1992. Original in: *Difficile liberté: Essais sur le Judaïsme*, Paris 1976.

Levinas, Emmanuel, *Noms Propres* (Aufsatzsammlung), Paris 1976.

Levinas, Emmanuel, *Martin Buber, Gabriel Marcel u. die Philosophie* (1978), in: ders., *Außer sich*, München 1991. Original: *Martin Buber, Gabriel Marcel et la philosophie*, in: Revue internationale de philosophie, 32. Jg. Nr. 126 (1978).

Levinas, Emmanuel, *Einige Anmerkungen zu Buber* (1982), in: ders., *Außer sich*, München 1991. Original: *À propos de Buber*, zuerst in: Alphonse de Waelhens (Hg.), *Qu'est-ce que l'homme?: philosophie/psychanalyse*, Brüssel 1982.

Levinas, Emmanuel, *Israël: Éthique et politique* (ein Interview mit Shlomo Malka und Alain Finkielkraut, 1982), in: Les Nouveaux Cahiers, 18. Jg. Nr. 71 (1983).

Levinas, Emmanuel, *Die Menschenrechte & die Rechte des jeweils Anderen*, 1985, in: ders., *Verletzlichkeit und Frieden: Schriften über die Politik und das Politische*, Zürich 2007. (Originaltitel: *Les droits l'homme et les droits d'autrui*, in: *Hors sujet*, Paris 1987.)

Levinas, Emmanuel, *Qui êtes-vous?* (Interview mit François Poirié [1987]), Lyon 1991. (Englische Übersetzung in: *It is Righteous to Be? Interviews with Emmanuel Levinas*, hg. v. Jill Robbins, Stanford 2001.)

Levinas, Emmanuel, *Der Andere, die Utopie und die Gerechtigkeit* (Interview mit Jacques Message und Joël Roman, 1988), in: ders., *Zwischen uns*, München 1995.

Levinas, Emmanuel, *Hors sujet* (Aufsatzsammlung), Paris 1987.

Levinas, Emmanuel, *Verletzlichkeit und Frieden* (Aufsätze), Zürich 2007.

Matthews, Gareth, *Thought's Ego in Augustine and Descartes*, Ithaca 1992.

Merleau-Ponty, Maurice, *Humanismus und Terror* (1947), 2 Bände, Frankfurt/M. 1968.

Monsrud Sandvik, Hannah, *In Gedanken experimentieren: Überlegungen zu Gedankenexperimente, Intuition und Imagination in der philosophischen Methodologie im Ausgang von Wittgenstein und Husserl*, Masterarbeit, Prag 2014.

Murphy, Richard T., *Husserl and Hume: Overcoming Scepticism?*, in: Journal of the British Society for Phenomenology, 22. Jg. Nr. 2 (1991).

Moore, George Edward, *Beweis einer Außenwelt* (1939), in: *Verteidigung des Common Sense*, Frankfurt/M. 1969.

Muth, Cornelia, *Zum Hintergrund von Martin Bubers Ich und Du*, in: Gestaltkritik 2/2004.

Muth, Cornelia, *Willst Du mit mir gehen, Licht und Schatten verstehen? Eine Studie zu Martin Bubers Ich und Du*, Stuttgart 2005.

Muth, Cornelia, *Heilende chassidische Geschichten: Martin Buber für Gestalttherapeutinnen und Gestalttherapeuten*, Köln-Kassel ²2018.

Muth, Cornelia, und Nauerth, Annette, *Dialog und Diagnostik*, Wien 2008.

Muth, Cornelia, *Erwachsenenbildung als transkulturelle Dialogik*, Schwalbach/Ts. ²2011.

Muth, Cornelia, *Gott ist überall*, in: ursache & wirkung, 86 (2013).

Muth, Cornelia, *Meditation als Bildung in der Gegenwart – eine dialogpädagogische Perspektive*, in: Paragrana, 2 (2013).

Muth, Cornelia, *Das Zwischen: Eine dialog-phänomenologische Perspektive*, Köln 2015.

Nelson, Eric S., *Against Liberty: Adorno, Levinas, and the Pathologies of Freedom*, in: Theoria, 59. Jg. Nr. 131 (2012).

Nicola, Nicolas John Claude, *Understanding the Role and Nature of Intuition in Philosophical Inquiry*, Dissertation (Queen's University Kingston, Ontario, Canada, 2017).

Ohly, Lukas, *Der reale Andere und die Realität Gottes: Sartre und Levinas*, in: Neue Zeitschrift für Systematische Theologie und Religionsphilosophie, Band 48, Heft 2 (2006).

Perls, Frederick S., Hefferline, Ralph F., & Goodman, Paul, *Gestalttherapie: Grundlagen* (1979), München 1992. Neuübersetzung: Stuttgart 2006. Originaltitel: *Gestalt Therapy. Excitement and Growth in Human Personality*, 1951. (Neuausgabe: Gouldsboro 1994.)

Philippson, Peter, *Self in Relation*, Gouldsboro 2001. In Deutsch: »Selbstwerdung«, Berlin 2018 (edition g. 406).

Reichert, Thomas (Hg.), *Buber für Atheisten*, Gerlingen 1996.

Rinofner-Kreidl, Sonja, und Wiltsche, Harald A., *Analytic and Continental Philosophy*, in: The Proceedings of the 37th International Wittgenstein Symposium, Berlin 2016.

Sartre, Jean-Paul, *Eine fundamentale Idee der Phänomenologie Husserls: Die Intentionalität* (1939), in: *Die Transzendenz des Ego: Philosophische Essays 1931-1939*, Reinbek 1982. Original: *Une idée fondamentale de la phénoménologie de Husserl: l'intentionnalité*.

Sartre, Jean-Paul, *Das Sein und das Nichts* (1943), Reinbek 1993. Originaltitel: *L'être et le néant: Essai d'ontologie phénoménologique*.

Sartre, Jean-Paul, *Ist der Existentialismus ein Humanismus?* (1945), Frankfurt/M. 1989.

Schmitz, Enno, *Erwachsenenbildung als lebensweltbezogener Erkenntnisprozess*, in: Lenzen, Dieter (Hg.): Enzyklopädie Erziehungswissenschaft, Bd. 11 (Erwachsenenbildung), Stuttgart 1984, S. 95ff.

Schreiber, Mathias, *Der Blick des Anderen*, in: Der Spiegel 3/2006.

Schütz, Alfred, *Das Problem der Relevanz* (1971), Frankfurt/M. 1982.

Sealey, Kris, *Moments of Disruption: Levinas, Sartre, and the Question of Transcendence*, Albany 2013.

Schilpp, Paul, und Friedman, Maurice (Hg.), *Martin Buber*, Stuttgart 1963.

Smith, Nick, *Adorno vs. Levinas*, in: Continental Philosophy Review (2006).

Streubel, Torsten, *Intuition u. Argumentation: Zum Verhältnis von intuitiver und diskursiver Vernunft*, in: Proceedings of the 37th International Wittgenstein Symposium, Berlin 2016.

Symons, John, *Intuition an Philosophical Mehodology*, in: Axiomathes 2008, Heft 18, S. 67-89.

Tahmasebi-Birgani, Victoria, *Emmanuel Levinas and the Politics of Non-Violence*, Toronto 2014.

Töteberg, Michael (Hg.), *Film-Klassiker*, Stuttgart 2006.

Urabayen, Julia, und Casero, Jorge León, *Politics in Levinas and Derrida: Beyond and Against Liberalism*, in: Sage Open, Okt.-Dez. 2015.

Weizsäcker, Viktor v., *Der Gestaltkreis: Theorie der Einheit von Wahrnehmen und Bewegen*, Stuttgart ⁴1968.

Wheeler, Gordon, *Beyond Individualism* (2000), dt. *Jenseits des Individualismus: Für ein neues Verständnis von Selbst, Beziehung und Erfahrung*, Wuppertal 2006.

Wigmore, Stephen, *How and Why did Levinas consider Buber's Philosophy insufficient as a Philosophy of Interpersonal Encounter?*, academia.edu, o. O. o. J.

Willems, Klaas, *Intuition, Introspection and Observation in Linguistic Inquiry*, in: Language Sciences, 34. Jg. Nr. 6 (2012).

Wimmer, Michael, *Zerfall des Allgemeinen – Wiederkehr des Singulären: Pädagogische Professionalität und der Wert des Wissens*, in: Combe, Arno, u. Helsper, Werner (Hg.): *Pädagogische Professionalität: Untersuchungen zum Typus pädagogischen Handelns*, Frankfurt/M. 1997, S. 404-447.

Wittgenstein, Ludwig, *Tractatus logico-philosophicus* (1918), Frankfurt/M. 1968.

Wittgenstein, Ludwig, *Philosophische Untersuchungen* (1936-1946; post-hum 1953), kritisch-genetische Edition, herausgegeben von Joachim Schulte, Frankfurt/M. 2001.

Wittgenstein, Ludwig, *Über Gewißheit* (1951), Frankfurt/M. 1984.

Zaborowski, Holger, *On Freedom and Responsibility: Remarks on Sartre, Levinas and Derrida*, in: The Heythrop Journal, 41. Jg. Nr. 1 (2000).

Ziegler, Renatus, *Intuition u. Ich-Erfahrung: Erkenntnis u. Freiheit zwischen Gegenwart und Ewigkeit*, Stuttgart 2015.

Index

Schriftenreihe Berliner Gestalt-Salon

Gabriele Blankertz
Kontakt gestalten: Wege zur Heilung
124 Seiten · [D] 12,80 € · edition g. 401
ISBN 978-3-7347-8805-5

Stefan Blankertz
Die Geburt der Gestalttherapie
aus der Psychoanalyse Sigmund Freuds
122 Seiten · [D] 12,80 € · edition g. 402
ISBN 978-3-7392-4835-6

Stefan Blankertz
Kurt Lewins Kritik der Ganzheit
130 Seiten · mit 3 Farbgrafiken · [D] 13,80 €
edition g. 403 · ISBN 978-3-7431-6650-9

Lothar Gutjahr
Leiblose Gestalten
Tatort Gestalttherapie: Ein Phänomenologie-Krimi
208 Seiten · [D] 14,80 € · edition g. 405
ISBN 978-3-7448-6980-5

Peter Philippson
Selbstwerdung
284 Seiten · [D] 19,80 € · edition g. 406
ISBN 978-3-7528-6989-7

www.berliner-gestaltsalon.de
editiongpunkt.de

Gabriele Blankertz

Kontakt gestalten

Wege zur Heilung

»Das kleine Buch von Gabriele Blankertz – eine Darstellung ihrer gestalttherapeutischen Arbeit anhand
von Fallvignetten, die sie einerseits lyrisch und andererseits theoretisch einbettet –, ist für KlientInnen, die
etwas über die Praxis von Gestalttherapie erfahren
wollen, einladend und anregend. [...] Im gesamten Buch
gibt es berührende Momente, in denen, wie die alten
Griechen sagen, der Gott erscheint, wenn TherapeutIn
und KlientIn sich begegnen, in gestalttherapeutischer
Sprache: in vollem Kontakt Figur und Hintergrund eins
werden.

Als Leserin erlebe ich ein Angesprochen-Sein – ein
unbestimmtes Sagen ohne bestimmte Aussage, einen
Modus des Dazwischen.«
Aus dem Nachwort von Ruth Reinboth

Gabriele Blankertz, 1964, Gestalttherapeutin in freier
Praxis, Mitgründerin des Berliner Gestaltinstituts »In
Kontakt« und des Berliner Gestalt-Salons.

118 Seiten, zwei Farbtafeln
[edition g. 401] ISBN 978-3-7347-8805-5

Lothar Gutjahr

Leiblose Gestalten

Tatort Gestalttherapie

Das unter Gestalttherapeuten agierende Betrüger-
pärchen mit dem Decknamen »Leib und Seele« ist
zu weit gegangen und hat einen Mord begangen. Die
»Soko Gestalt« nimmt die Ermittlungen auf. Profiler
Ludger Baekels und Kommissarin Emilia Rizzoli
müssen sich dazu mit der Theorie der Gestalttherapie
auseinandersetzen und werden in die aktuelle Kontro-
verse um die Frage nach der richtigen Auslegung und
Anwendung der Phänomenologie hineingezogen, um
so mehr, als sich herausstellt, dass der Staatsanwalt und
sein Mitarbeiter selber Partei in dem Streit sind.
Auf unterhaltsame Weise, die den Leser dazu einlädt,
sich eine eigene Meinung zu bilden, gelingt es dem
Autor, aus grauer Theorie eine farbenprächtige Praxis
zu gestalten.

Dr. Lothar Gutjahr (ProvoCoach™), seit über 20 Jahren
als Coach, Mediator und Trainer für internationale
Firmen tätig. Er ist Heilpraktiker für Psychotherapie
und ist ausgebildet in Provokativer Therapie sowie Gestalttherapeut i. A.   www.ProvoCoach.de

208 Seiten
[edition g. 405] ISBN 978-3-7448-6980-5

Peter Philippson

Selbstwerdung

Self in Relation

Das vorliegende Buch handelt vom ›Selbst‹ und es nimmt diesbezüglich eine spezielle Perspektive ein. Sie fasse ich hier in der Aussage zusammen, dass die Erfahrung, auf der mein Konzept des ›Selbst‹ beruht und durch die sich die Erfahrung unseres Selbst wandelt, in meinen unterschiedlichen Kontakten mit der Welt gründet, in der ich lebe, also mit der Andersheit anstatt mit ›innerer‹ Erfahrung. Einfach gesagt erfahre ich mich als jemand, der die Sonne durch das Fenster scheinen sieht, der seine Familie liebt, der auf dem Computer schreibt. Mein Interesse gilt dem Fenster, der Familie, dem Computer, nicht dem Sehen, dem Lieben oder dem Wunsch zu schreiben. Während ich mich vom Computer ab und meinem Sohn zuwende, verändert sich meine Erfahrung des Selbst so wie die seine. (Aus der Einleitung von Peter Philippson.)

Mit einem Geleitwort von Gabriele Blankertz, übersetzt von Stefan Blankertz.

Peter Philippson, Gestalttherapeut und Ausbildner, Mitbegründer des Manchester Gestalt Centre, Mitglied des New York Institute for Gestalt Therapy, Autor von zahlreichen Essays und Büchern zur Theorie und Praxis der Gestalttherapie.

284 Seiten
[edition g. 406] ISBN 978-3-7528-6989-7